Das Labyrinth oder Die Kunst zu wandeln

Ilse M. Seifried
(Hrsg.)

Das Labyrinth
oder
Die Kunst zu wandeln

Mit Beiträgen von

Ilse M. Seifried und
David Auerbach
Agnes Barmettler
Henning Eichberg
Robert Ferré
Susanne Kramer-Friedrich
Markus Hochgerner
Voré

Haymon-Verlag

INHALT

Ilse M. Seifried: DAS LABYRINTH UND SEINE GESCHICHTE
Ursprung, Formen, die sieben Wendepunkte und
    eine Bestandsaufnahme . . . . Seite 9

Ilse M. Seifried: DER MYTHOS VON ARIADNE UND THESEUS . . . 50

Henning Eichberg: DIE STADT ALS LABYRINTH
Bewegung und Identität, Geschlecht und Angst 61

David Auerbach: DER WEG DURCH DAS LABYRINTH
Überlegungen aus der Sicht der Philosophie 80

Markus Hochgerner: DAS LABYRINTH ALS THERAPEUTISCHE
    ERFAHRUNG 91

Voré: MÖGLICHKEITEN DER TRANSFORMATION
Die Labyrinth-Idee in der zeitgenössischen Kunst 100

Robert Ferré: WARUM JETZT? WARUM HIER?
Labyrinthe in den Vereinigten Staaten 123

Susanne Kramer-Friedrich: LABYRINTHFRAUEN GEHEN EIGENE
WEGE. Zehn Jahre Schweizer Labyrinthbewegung 139

Agnes Barmettler: DAS LABYRINTH – EINE LIEBESGESCHICHTE
Kreativer Prozeß, Kulturmuster, Kommunikationsmodell. . . . 154

Ilse M. Seifried: DAS LABYRINTH UND ICH
Erfahrungen und Denkanstöße 165

Ilse M. Seifried: DER LABYRINTHISCHE QUANTENSPRUNG 188

ANHANG 199
Anleitung zum Begehen eines Labyrinths (200) Anleitung zur Konstruktion eines Labyrinths (201) Begehbare Labyrinthe in Österreich (203) Begehbare Labyrinthe in Deutschland (203) Begehbare Labyrinthe in der Schweiz (204) Internetadressen zum Thema (205) Die AutorInnen (206) Bildnachweis (208)

Die Kunst zu wandeln

Dieses Buch ist für jene geschrieben, die gerne unterwegs sind, und für jene, die sich aufmachen wollen, Neues zu entdecken – unabhängig davon, ob sie bereits mit dem Thema vertraut sind. Die Kunst zu wandeln – auch die Kunst, etwas zu verwandeln, ist gemeint, auch sich selbst zu wandeln.

Die Beiträge von internationalen Fachleuten aus unterschiedlichen Disziplinen laden ein, sich dem Thema Labyrinth anzunähern und auch, es zu durchwandeln. An manchen Stellen ist es stimmig, zu verweilen, an anderen fließend Schritt für Schritt weiterzugehen, Seite für Seite, weiterzulesen, bis zur nächsten überraschenden Wendung. Das Vorgefundene mag temporär beruhigende Antworten geben, doch auch diese heißt es hinter sich zu lassen, um weiter zu lesen, geistig weiter zu wandeln – in jene Bereiche, wo Sie noch nicht waren.

Das Erleben und das Wissen, daß wir unsere ganze Menschlichkeit nur über das Bewußtsein unserer Verbundenheit mit allem und allen gewinnen können, dieses Wiederverbinden (lat. religio), ist wohl die wahrhaft spirituelle Wirkkraft des Labyrinths.

Mein Dank gilt den Autorinnen und Autoren sowie allen, die dieses Buchprojekt direkt oder indirekt unterstützt haben. Meine Freude richtet sich an alle MitarbeiterInnen des Haymon-Verlags, die sich auf dieses labyrinthische Wagnis einließen.

Zuletzt und doch an erster Stelle gedenke ich in tiefster und respektvollster Wertschätzung Hermann Kern.

Ilse M. Seifried
Wien, im Juli 2002

Steinlabyrinth in Kopenhagen (Valbyparken)

Auf den vorhergehenden Seiten:

Feuerzauber im Zürcher Zeughauslabyrinth
Ort der Kraft: Disiboden, wo Hildegard von Bingen lebte
Schneelabyrinth in den USA

Ilse M. Seifried

Das Labyrinth und seine Geschichte
Ursprung, Formen, die sieben Wendepunkte und eine Bestandsaufnahme

Das Wort Labyrinth schwirrt in Raum und Zeit, und doch meinen viele, die es verwenden, einen Irrgarten. Ist ein Irrgarten kein Labyrinth? Ist ein Labyrinth kein Irrgarten?

Wenn wir wüßten, daß die Welt ein Labyrinth ist, dann wüßten wir, daß es ein Zentrum gibt. Egal ob dort etwas Schreckliches wie der Minotaurus oder etwas Göttliches wohnt. Aber es gäbe ein Zentrum. Wenn wir hingegen annehmen, daß die Welt Chaos sei, dann wären wir wirklich verloren. (Jorge Luis Borges)

Mythos und Wirklichkeit

Diese beiden Pole stehen für die kritische Auseinandersetzung mit unserer Kultur und Kulturgeschichte. Das Labyrinth, seit der Antike mißverstanden als Irrgarten, ist eng verbunden mit dem Mythos von Ariadne und Theseus und auch selbst ein Mythos. Was aber ist Wirklichkeit?
Die Zeit nimmt in der Vorstellung der westlichen Kultur eine Wendung ins 3. Jahrtausend. Kommunikations- und Beziehungsstrukturen befinden sich im Prozeß einer Wende (Internet, virtuelle Welt). Das Alltagsleben bringt immer wieder Wendepunkte. Neu-Orientierung ist gesucht und gefragt. Der Weg im Labyrinth nimmt viele Wendungen. Das gegenwärtig große Interesse in Europa und den USA am Labyrinth ist wohl Ausdruck dieser Zeitenwende.
Es bieten sich viele Wege an, sich dem Phänomen Labyrinth zu nähern, sich mit diesem auseinanderzusetzen: Archäologie, Mythen, Geschichtstexte, die bildende Kunst, Literatur, Musik, neue Technologien und natürlich die körperlich sinnliche Labyrintherfahrung. Dieses Kapitel bietet nicht nur einen Überblick über die historische Entwicklung, es werden auch alte und neue Fragen gestellt und

aktuelle Forschungsergebnisse und Hypothesen zu deren Beantwortung angeboten.

> *Wir werden nicht aufhören zu erkunden,*
> *Und das Ende all unserer Erkundungen*
> *Wird die Ankunft an der Stelle sein,*
> *Wo wir begannen,*
> *Und wir werden sie zum erstenmal erkennen.*
> (T. S. Eliot)

Von labyrinthähnlichen Formen

Spiralformen finden sich in der Natur u. a. bei Schnecken, Farnen, Wasser- und Luftwirbeln. Das schon im Paläozoikum verbreitete Spurenfossil Dictyodora hinterließ von seinem Freß- und Wühlverhalten verursachte Muster, die an das Labyrinth erinnern. Diese Ähnlichkeit gibt dem *Helminthoida labyrinthica* seinen Namen. Auch die Struktur des Gehirns mit seinen verschlungenen Wegen erinnert an das Labyrinth. Und bei den menschlichen Erbanlagen DNS/DNA begegnen wir wieder dem doppel-spiralförmigen Aufbau der Substanzen.

Aber nicht nur kleine und kleinste Einheiten der Natur haben Spiralform und ähnlich gebaute Strukturen. Auch die Mehrheit der Galaxien ist spiralig strukturiert. Für die Menschen ist die Spirale eines der ältesten Ewigkeitssymbole. Sie ist kein Symbol für Absolutes, denn sie ist kein Ganzes, ihrer Natur nach kann sie niemals abgeschlossen sein.

Kreise und Einfach-, Doppel-, Dreifach- und Vierfachspiralen sowie die liegende Acht, auch Unendlichkeitsschleife oder Lemniskate genannt, finden sich weltweit als Felsritzungen aus prähistorischer Zeit und später auf Keramiken. Mäander, ebenfalls eine der Natur abgeschaute Form, z. B. vom Weg eines Flußlaufs, zogen sich als endloses Band über Keramiken und Wände.

Das Labyrinth jedoch ist etwas anderes. Es ist ein vom Menschen geschaffenes Kulturgut, das nicht allen Kulturen zu eigen ist.

Verschiedene Spiralformen und ein vom Menschen ebenfalls der Natur abgeschautes Bandmuster: der Mäander

Vom Labyrinth selbst

Dem Labyrinth im eigentlichen Sinn liegen folgende Kriterien des Formprinzips zugrunde:

Labyrinthähnliche Strukturen in der Natur: Freß- und Wühlspuren des Spurenfossils Dictyodora

Spiralförmige und labyrinthische Felsritzungen in einer Höhle auf Sizilien (vor über 4500 Jahren entstanden)

* Es gibt eine äußere Begrenzungslinie, die nur eine Öffnung besitzt.

* Die Figur kann (gedanklich oder körperlich) zwischen den Linien abgeschritten werden.

* Der Weg ist kreuzungsfrei, d. h. er bietet keine Wahlmöglichkeit und wechselt immer wieder pendelnd die Richtung. Der Weg führt wiederholt sehr nah am Zentrum vorbei und mündet schließlich ausweglos und sackgassenartig in ein Zentrum.

* Ein Weg, der als Umweg vom Eingang zum Zentrum führt, füllt den Innenraum aus.

* Nur durch eine Wendung, einen Bogen von 180°, kann der Weg fortgesetzt werden.

* Denselben Weg zurückgehend wird dieser jetzt vorschauend erfahren.

* Der Mittelpunkt des Labyrinths ist nicht das geometrische Zentrum.

* Das Zentrum ist ein leerer Raum.

Die Struktur des Labyrinths in seiner Urform

GEDANKEN ZUM LABYRINTH

Die Qualität des Umweges steht als Gegenpol zur Geradlinigkeit. Etymologische Aspekte zur Geradlinigkeit sind: sich geradlinig bewegen, rechtmäßig, die Richtung rechts, korrekt, Regierung, Ordnung, Richter, Regent, Regime, Regel und Recht. All diese Worte und damit die Geradlinigkeit stehen in engstem Zusammenhang mit Herrschaft.
Die Labyrinthstruktur steht ihr gleichsam als eine antihierarchische und demokratische, prozeßhaft lebendige Opposition entgegen. Einen Labyrinthweg gehen heißt, aus der gewohnten Bahn geführt werden. Der Labyrinthweg bringt Irritation, bringt Wendungen, Staunen, neue Bewegungs- und Lebensformen, ein neues Lebensgefühl, eine neue Qualität. Ins Zentrum gelangen, heißt zur Mitte, zur Balance, ins Gleichgewicht kommen.
Yin-Yang stellt den Ausgleich dar, die Balance und die Einheit der Gegensätze, die sich ergänzen. Yin-Yang ist eine Momentaufnahme. Das Labyrinth hingegen ist mehr als nur ein Bild, es ist ein Bewegungs- und Erfahrungsraum. Oft wird es mit Steinen gelegt. Mit der Steinsetzung schreibt sich das Labyrinth in die Erde.

„Diese ursprüngliche Bindung der spirituellen Symbolik an die Materie, die Einschreibung der Zeichen in das Element des Irdischen rückt ihre Bedeutung in die Ferne, in ein fremdes Raum-Zeit-Gefüge."
Cathrin Pichler

Vom Ursprung des Labyrinths

Welchen Ursprung und welche Bedeutung das Labyrinth hat, darüber rätseln viele. Dabei am Schreibtisch sitzend, rätselt es sich anders, als das Labyrinth begehend. Die Fragen rücken dann in den Hintergrund, weil die gegenwärtige Erfahrung des Wandelns im Labyrinth im Vordergrund ist.

„Stammt dein Wissen ums Feuer nur vom Hörensagen, dann sieh zu, vom Feuer gekocht zu werden, es gibt keine andere Gewißheit, ehe du nicht brennst." (Jelal-uddin Rumi)

Doch gibt es viele ernstzunehmende Versuche, das Rätsel Labyrinth auch vom Verstand her zu lösen. So geistert die Vorstellung des Labyrinths als architektonischer Bau seit Jahrhunderten in vielen Köpfen herum, es gibt aber nach wie vor keine Belege für diese Theorie. Der Palast von Knossos mit seinem verwirrenden Grundriß kann es aus vielen Gründen nicht gewesen sein. Allenfalls könnte er die Urform eines Irrgartens dargestellt haben. Als solchen bezeichnet man kor-rekterweise eine Struktur mit Sackgassen und Weggabelungen, bei denen Entscheidungen getroffen werden müssen: Gehe ich links oder rechts weiter oder gehe ich wieder zurück. Im Irrgarten kann man sich verirren, im Labyrinth nicht. Die Verwechslung der beiden Formen beginnt schon in der Antike, wie noch dargelegt werden wird.

Bronzezeitliche Labyrinthritzung aus der Val Camonica in der oberitalienischen Provinz Brescia (oben) und eine andere unbestimmten Alters aus Arcera in Nordspanien

Hermann Kern stellte die These auf, daß der Ursprung des Labyrinths im Tanz liegt: ein kultischer Reigentanz, dessen Schrittfolge den Labyrinthweg entlangführt. Er bringt auch den Ariadne- und Theseus-Mythos damit in Verbindung und kann ihn neu deuten (siehe Seite 60, Anm. 6). Religiöse Tänze, in denen die TänzerInnen einem gewundenen Weg folgen, sind in Großbritannien, Skandinavien, den Niederlanden, in Deutschland, Griechenland, Indien und auch auf pazifischen Inseln überliefert.

Der Tanzreigen ist Symbol zyklischer Zeit. Labyrinthwege und doppelte Spiralmuster können als Hinweise für den Glauben an die Wiederkehr des Lebens, das durch den Tod führt, interpretiert werden. Das Labyrinth stammt, das ist gewiß, aus vorgriechischer Zeit. Wissen über damalige Tänze liegt im Vergessen.

„*Menschliche Freiheit, so lehrt der Tanz, ist nicht die absolute Ungebundenheit und Eigenwilligkeit, vielmehr das Eingebundensein in zeitlose Gesetzmäßigkeiten. In gewisser Weise aktiviert das Tanzen im Labyrinth auf magische Weise die darin schlummernden Kräfte. Der Körper des Geistes, wie John Layard das Labyrinth nannte, wird zum Leben erweckt.*" (G. Wosien)

Bewegung ist ein Weg, sich selbst in Einklang von Körper und Seele zur Entfaltung zu bringen. „*Tanz heilt nicht*", meint die Therapeutin Hannelore Eibach, „*er ist jedoch ein heilsames Medium, um Körperausdruck und Körpererleben verstehbar zu machen. Immer geht es um Integration äußerer und innerer Bewegung. Ganzheitliches Handeln kann somit heißen: Tanzen. Tanz ist Erfahrung von Zeit und Raum. Im Tanz werden wir vom ZuschauerInnendasein befreit und zu AkteurInnen unseres Lebens.*"

DAS LABYRINTH UND SEINE WENDEPUNKTE IN DER GESCHICHTE[1]

Die Ursprünge des Labyrinths, seine „Erfindung", liegen im dunkeln, im Sprachlosen, im nicht dokumentierten Raum, liegen vor jener Zeit-Wendung, in die wir noch keinen Einblick, keinen Zugang haben. Raum, Zeit und Intention sind nicht definierbar.

Die ältesten sicher datierten Funde stammen aus der Zeit um 1200 v. u. Z. Wenngleich es keine Belege aus früheren Zeiten gibt, kann davon ausgegangen werden, daß es das Labyrinth bereits davor gab.

1. Wendung – Älteste datierbare Darstellungen

Labyrinthfragmente auf Scherben eines Tongefäßes wurden 1960 in Tell Rifa'at, Syrien, gefunden. Es sind drei Labyrinthe, kombiniert mit Mensch- und Tierdarstellungen, aufgemalt.

Das zweite der bisher ältesten sicher datierbaren Labyrinthe blieb uns durch Zufall erhalten. Als Nestors Palast in Pylos (im Südwesten des Peloponnes) um 1200 v. u. Z. abbrannte, blieb in dessen Lagerraum auch ein Tontäfelchen mit einer Labyrinthritzung und einem

Nachzeichnung des Labyrinthfragments auf der in Tell Rifa'at (Syrien) gefundenen Tonscherbe (siehe Foto auf Seite 175)

Das Labyrinth auf dem „Täfelchen von Pylos" (um 1200 v. u. Z.) und der Text auf der Rückseite in einer Nachzeichnung

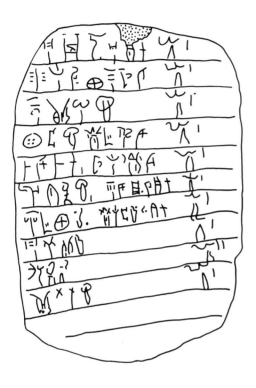

Text im bronzezeitlichen Dialekt der griechischen Sprache auf der Vorderseite erhalten. Bisher wurden die in der sogenannten Linear-B-Schrift gehaltenen Zeilen als Aufzählung der Namen von zehn Männern mit Zuordnung einer oder zweier Ziegen gelesen. Nach der Übersetzung von Friedrich Dürr ist dieser dorische Text aber die Anrufung einer Göttin in Form einer Litanei, die bei Gefahr von Kapitän und Mannschaft eines Handelsschiffes artikuliert wurde:

Hebe von Jonien, schrecklich ist der Sturm	*Errette!*
Beschütze, o Starke, die Schiffsladung vor der Meerestiefe!	*Errette!*
Besorge für den schmalen Gang einen Faden!	*Errette!*
Am Faden entlang bis zu den Türflügeln werde ich die Augen schließen.	*Errette!*
Ich bin unverzagt: du wirst kommen – ich werde jubeln.	*Errette!*
Es bleibt doch nicht etwa verborgen der Faden?	
Reiche dar, sende (und) der Sturm verstummt!	*Errette!*
Das Verderben ist die hochgehende See.	
Das Herz bringt sie zum Stehen.	
Zeige den Weg, führe durch den Sturm!	*Errette!*
O, daß doch das Zeichen des Heils (käme)!	*Errette!*
Ich werde wohl doch keinen Schiffbruch in der Fremde erleiden?	*Errette!*
	Errette!
Zeige den Faden!	*Errette!*

Die Zufälligkeit dieses Fundes und das Fehlen anderer früher Labyrinthbelege legt die prinzipielle Frage nahe, ob Labyrinthe vielleicht nicht abgebildet werden sollten!

Der Ursprung des Labyrinths wird von vielen auf Kreta vermutet. Grundlage für diese Annahme bildet der griechische Ariadne-Mythos, der aber erst wesentlich später entstand. Es gibt keine anderen Gründe, die Herkunft dieses Symbols in Kreta zu sehen – mehreres (Funde, Herkunft des Wortes, Mythosbildung) spricht sogar dagegen.

Auch ein Labyrinthbau auf Kreta und dessen Architekt gehören in das Reich der Mythen. Ein Daedalus ist historisch nicht belegt, und von einem Labyrinthgebäude fanden sich keine Spuren. Dennoch hatte Daedalus im Mittelalter den Status eines der namentlich bekannten antiken Baumeister. Nach ihm wurde ein guter Architekt als ein „wahrer Daedalus" bezeichnet.

Die kretische Kultur erlebte bereits um 1400 v. u. Z. ihren Niedergang. Die ersten kretischen Labyrinthfunde stammen aber erst aus dem 4. Jahrhundert vor unserer Zeitrechnung, als hier Münzen mit runden bzw. eckigen, links- bzw. rechtsgängigen Labyrinthen und dem Schriftzug Knossos geprägt wurden. Zu dieser Zeit hatten bereits die Griechen die Herrschaft übernommen und viel altes kretisches Kulturgut vernichtet oder (oft in verfälschter Form, im Fall Labyrinth als Irrgarten) in ihre Kultur integriert.

Platon (um 400 v. u. Z.) verwendet die Labyrinthmetapher noch im ursprünglichen Sinn. Doch eigene labyrinthische Erfahrung fehlt ihm. Er erwartet im Zentrum ein Denkergebnis.

Ab ca. 300 v. u. Z., und damit bedeutend später, als das Labyrinth kreiert wurde, wird das ursprüngliche Labyrinth als Irrgarten mißverstanden. Natürliche Höhlen mit sich wendenden (und ev. sich verzweigenden) Wegen waren Initiationsplätze und werden bis heute fälschlicherweise als Labyrinthe bezeichnet.

Labyrinthe auf kretischen Münzen ohne Bezug auf Minotaurus, Ariadne und Theseus

Wenn es nicht aus Kreta stammt, ist das Labyrinth dann sumerischen oder phönizischen Ursprungs? War es PriesterInnen vorbehalten? Entstand es, um ein religiöses Weltbild/Symbol des menschlichen Lebensweges wiederzugeben? Wurde es entworfen, um mathematisches Wissen in konzentrierter Form weiterzugeben? Gibt es einen Bezug zu den Sternenkonstellationen? Entstand es zufällig

beim Meditieren, beim spielerischen Zeichnen am Strand? Wir wissen es nicht.
Was gründet auf Forschung, was beruht auf Projektionen unserer Zeit auf jene vergangene?

2. Wendung – Das Wort

Als erste schriftliche Erwähnung des Wortes Labyrinth galt bisher jener Text, der sich auf einem mykenischen Tontäfelchen um 1400 v. u. Z. findet und sich immerhin mit Kreta in Verbindung bringen ließe. Er lautete in einer nicht gesicherten, aber in der Wissenschaft tradierten Übersetzung

> *Ein Honigtopf für alle Götter*
> *ein Honigtopf für die Herrin des Labyrinths*

Friedrich Dürr übersetzt den Text so:

> *Den Schiffen stehet bei, damit es keinen Bruch gibt!*
> *Er ist der Mutterstadt zugetan.*
> *Zum Kampf, jonisch gesagt!*
> *Irgendwann werde ich den Bruch heilen.*

Diese Neuübersetzung, die offenbar nichts mit dem Labyrinth zu tun hat, stellt die Verbindung Kreta und Labyrinth erneut in Frage und gibt der Labyrinthforschung eine weitere Wendung.

Das Wort *labyrinthos* ist ein vorgriechisches und jedenfalls kein kretisches Wort. *inthos* weist auf eine Ortsbezeichnung hin, *labrys* ist ein kleinasiatisches Wort und wurde oft mit Doppelaxt übersetzt. Gesichert ist, daß dieses Wort auf Kreta nicht für die in ihrer kultischen Bedeutung umstrittene Doppelaxt (ab- und zunehmenden Mondsicheln?) verwendet worden ist.

Die Griechen haben das für sie fremde Wort „Labyrinthos" absichtlich oder unabsichtlich mißverstanden, wenn sie ihm die Bedeutung „Irrgebäude" bzw. „Irrgarten" beilegten.

Eine Möglichkeit, sich dem geheimnisvollen Wort etymologisch zu nähern, wurde darin gefunden, in ihm einen ganzen nordwestsemitischen Satz zu hören. Obwohl dafür literarische Beweise fehlen, schlägt Friedrich Dürr eine Deutung vor, die er probeweise mit altphönizischen Buchstaben geschrieben hat:

> *Auf die Mitte weise den Umherirrenden hin!*

Grammatikalisch handelt es sich dabei um einen Imperativ, der an eine Frau oder Göttin gerichtet ist. „Mitte" steht auch für Herz bzw. Zentrum des geistig-seelischen Lebens. Inhaltlich paßt der Text zur Form.

Da es keinen Nachweis gibt, daß der Ursprung des Labyrinths in Kreta liegt, ist es wohl korrekter, nicht vom „kretischen" und auch nicht vom „klassischen" Labyrinth zu sprechen, sondern besser vom Ursprungslabyrinth bzw. von Ur-Labyrinth. Denn im Laufe der Zeit wurde die Gestalt und auch die Nutzung des Labyrinths verändert.

3. Wendung – Das Layrinth und die Etrusker

Felsritzungen in Spanien (Pontevedra) werden mit 900 v. u. Z. datiert, doch auch diese Daten sind nicht gesichert. Die Felsritzungen in Italien (Val Camonica) scheinen um hundert Jahre jünger zu sein. Die Kanne (Oinochoe) von Tragliatella entstammt einer lokalen etruskischen Produktion aus ca. 620 v. u. Z. und zeigt ein Labyrinth und einen alphabetisch geschriebenen etruskischen Kurztext, weiters Reiter, Frauen und die Abbildung eines Geschlechtsaktes. Um ein Wort in der 4. Sequenz als „Troia" übersetzen zu können, wie es bisher üblich war, haben Etruskologen ein P zu einem R umfunktionieren.

Bevor wir uns mit der neuen Übersetzung von Friedrich Dürr aus dem Jahr 1999 beschäftigen, einige Bemerkungen zum Gefäß und der Darstellung darauf: Die einheimische Bevölkerung unterschiedlicher Stammeszugehörigkeit, auf welche die Etrusker bei ihrer Einwanderung trafen, wurde insgesamt Italer genannt. Interessant ist, daß auf der Weinkanne nur italische Frauen dargestellt werden, als Händlerinnen (am Halsband zu erkennen) und als Friedenstifterinnen (am Bauchband zu erkennen). Das auf dem Weinkrug darge-

Das Wort „Labyrinth", geschrieben von Friedrich Dürr in altphönizischen Buchstaben (St. Pöltener Labyrinthausstellung)

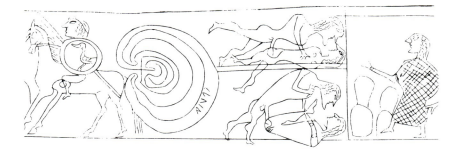

Detail der auf dem etruskischen Weinkrug von Tragliatella dargestellten Szene mit Labyrinth

stellte Labyrinth soll wohl die Gebärmutter, den Uterus der Erde verkörpern, welcher die Wiedergeburt verbürgt.
Und hier die Übersetzung des Textes nach Dürr:

1. Sequenz: *(Die Italerin überreicht den landsuchenden Etruskern den Friedensapfel)*
Wer läßt diese demütig werden?
Das vollbringt der Starke.
2. Sequenz: *Wer ist dieser? Der Schößling aus der Gewundenen.*
3. Sequenz: *Wer garantiert der Empfangenden die Würzmischung?*
4. Sequenz: *Die göttliche Mitte (der Nabel Gottes/der Göttin)*

4. WENDUNG – DAS LABYRINTH IN DER RÖMISCHEN KULTUR

Die Römer verwendeten das Labyrinth bei Leichenfeiern. Mit ihm wurde – so wird vermutet – die Grenze zwischen der Totenwelt und den Lebenden gezogen, ein Schutzkreis um den Toten/die Tote, der die Lebenden vor seiner/ihrer Wiederkehr bewahrt. Gleichzeitig werden so die Verstorbenen in ihre neue Existenzform eingeführt. Einen schriftlichen oder bildlichen Beleg für kultische Handlungen in Zusammenhang mit dem Labyrinth gibt es aber nicht.
Später wurden zur Einführung adeliger Jünglinge in die Gesellschaft sogenannte Trojaspiele durchgeführt, die man auch Labyrinthspiele

Römisches Fußbodenlabyrinth (gefunden in Coimbra in Portugal)

Römisches Labyrinth-Mosaik aus dem 2. nachchristlichen Jahrhundert, gefunden bei Ausgrabungen in Südwales (heute im Museum von Caerleon)

nannte, anfangs mit zwei, später (unter Kaiser Augustus) mit drei Gruppen zu Pferd.

Auch bei Stadtgründungsfeiern kam das Labyrinth als magischer Schutz zum Einsatz. Die Kombination des Labyrinths mit der Stadt ist eine einzigartig römische kulturelle Kreation.

Einige Daten zum römischen Labyrinth:

Um 50 n. u. Z. benennt Plinius vier Gebäude als Labyrinthe, die nachweislich keine sind. Er charakterisiert diese als düster und gefährlich. Diese Assoziationen sind bis heute fälschlicherweise mit dem Labyrinth verbunden.

79 n. u. Z.: Zerstörung der Stadt Pompej durch den Ausbruch des Vesuvs. In den Ruinen fand man ein Labyrinth auf einem Türstock, kombiniert mit dem Wort „Labyrinth" und dem Satz: „Hier wohnt Minotaurus."

Um 100 n. u. Z. schreibt Plutarch all die widersprüchlichen Berichte und Interpretationen zur Geschichte von Theseus und Ariadne auf,

die von Ovid, Vergil, Diodorus, Apollodorus, Plutarch, Homer u. a. stammen. (Zum Adriadne-Theseus-Mythos siehe S. 50 ff.)
Zwischen 150 v. u. Z. und 450 n. u. Z. entstehen zahlreiche römische Mosaiklabyrinthe. Diese waren nie zum Begehen gemacht und haben meist eine besondere Struktur: Der Weg führt zuerst nacheinander durch vier Sektoren, erst dann wird das Zentralfeld erreicht. Nur innerhalb des römischen Herrschaftsgebietes (bzw. viel später) finden sich Abbildungen von Ariadne, Theseus und Minotaurus im Zusammenhang mit dem Labyrinth.[2]

5. Wendung – Das Labyrinth in der christlichen Kultur

Mit der staatlichen Anerkennung des Christentums entstehen ab 324 die ersten Kirchenlabyrinthe. Davor fanden sich Labyrinthe nie in Tempeln, nur in Profanbauten. Die Labyrinthe werden nun mit christlichen Inhalten belegt: Der ausgeparte Kreuzungspunkt wird zum Kreuz; das Labyrinth als Symbol für die sündige Welt und deren Überwindung; im Zentrum Christus als Herr der Welt.
Das älteste Kirchenlabyrinth, von dem wir wissen, befand sich in der römischen Basilika im algerischen El Asnam (Vorgängerin der heutigen Kathedrale von Algier). Heute ist nichts mehr davon erhalten.
Mit der Spätantike erlischt die Verwendung des Labyrinths keineswegs. Bei den Normannen in Nordeuropa und Frankreich scheint dieses Symbol besonders beliebt gewesen zu sein, sie tragen in ihren Siedlungs- und Herrschaftsgebieten viel zur Verbreitung der Labyrinthe bei und brachten sie nach 1066 auch nach England.
Von der Mitte des 9. Jahrhunderts an befassen sich die Schreiber und Illustratoren von Handschriften mit dem Labyrinth und entwickeln die Idee weiter. Das Labyrinth kommt nun, von christlichen Vorstellungen vereinnahmt, in vielen religiösen Schriften vor.
Daß man sich in der römisch-katholischen Westkirche im Gegensatz zur griechisch-orthodoxen Ostkirche um eine Christianisierung des Labyrinthsymbols bemühte, hat wohl mit der Invasion nordisch-heidnischer Labyrinthvorstellungen zu tun, wie sie etwa in den skandinavischen *Trojaburgen* (siehe S. 28 ff.) zum Ausdruck kommen.
Der Gang durch das Labyrinth wird verstanden als Läuterung der Seele, als Buß- und Erlösungsweg, als Vorbereitung auf die Begegnung mit Gott. Eine andere Vorstellung – ebenfalls wieder mit dem

Eines der berühmten Handschriften-Labyrinthe des Mittelalters (aus der „Evangelienharmonie" des Otfried von Weißenburg, heute in der Österreichischen Nationalbibliothek). Im Zentrum stehen die Buchstaben PHAS, die als „Fas = göttliches Recht" interpretiert werden.

Erlösungsmotiv verbunden – ist die vom Weg Christi vom Kreuz in die Vorhölle mit anschließender Auferstehung.

Bemerkenswert ist in diesem Zusammenhang, daß in Frankreichs Kirchen laut Beschluß des Kapitels von Sens (1413) auf den Labyrinthen Ostertänze durchgeführt werden sollten, auch als Oster-Ballspiele bezeichnet. Im Rahmen des liturgischen Geschehens durchschreiten die Priester und Diakone den Labyrinthweg und reichen in einer Art von feierlichem Reigen einen Ball als Symbol des auferstandenen Christus weiter. 1538 wird dieser Brauch offiziell abgeschafft.

Rein äußerlich steht eine neue Methode hinter dem Entwurf der christlichen Labyrinthe: konzentrische Kreise, das Zentrum ist im

Federzeichnung eines Labyrinths, ursprünglich am Vorsatzblatt eines im 12. Jahrhundert kopierten Handbuchs der Kirchengeschichte im Stift Admont (Österreich). Hier ist das Zentrum wie in den römischen Mosaiklabyrinthen von Theseus und Minotaurus besetzt.

geometrischen Mittelpunkt und kreisrund. Es entstehen Labyrinthvarianten:

Beim *Typ Otfried*, benannt nach der „Evangelienharmonie" des Otfried von Weißenburg (um 870, heute in der Österreichischen Nationalbibliothek in Wien), wurde die Gangzahl von sieben auf elf erhöht, indem ein Labyrinth ins Labyrinth gesetzt wurde, es ist also keine Neuerfindung des Labyrinths, sondern eine Erweiterung.

Im *Typ Chartres* wird der Kreuzungspunkt der Labyrinthwege in Form und Inhalt christianisiert. Mit diesem Typ, den man seit dem 10. Jahrhundert findet, ist die Christianisierung des Labyrinths abgeschlossen. Ca. 1210 wurde das Labyrinth am Boden der Kathedrale von Chartres angelegt. Es ist das schönste und besterhaltene Kirchenlabyrinth.

Im hohen und späten Mittelalter entstanden – vorwiegend in Frankreich und Italien – Kirchenlabyrinthe des einen oder anderen Typs oder individuelle Mischformen. Heute sind nur mehr wenige erhalten. In Italien ist zum Beispiel Ravenna erwähnenswert oder das nicht begehbare, sondern an der Vorhalle des Doms von Lucca angebrachte Relieflabyrinth.

Das Chartres-Labyrinth unterscheidet sich vom Ursprungs-Labyrinth unter anderem durch folgende Charakteristiken:
* es hat einen größeren regulativen Charakter;
* das ursprüngliche Kreuz wird verschoben, statt dessen wird ein Kreuz (durch Viertelung des Raumes) ins Labyrinth gelegt;
* es kann nicht „betanzt" werden, da die Form zu kompliziert und zu eng ist.

Das kretische Labyrinth wurde gekreuzigt, formuliert Gundula Thormaehlen Friedman knapp. *Wenn der Weg das Leben ist, das Labyrinth die Welt, so heißt das, daß das Leben, die Welt, gekreuzigt wurden. Dem ursprünglichen Labyrinth wurde damit seine Lebensenergie genommen.*

Die elf Umgänge der christlichen Labyrinthe und die Positionierung des Eingangs im Westen haben mit der neuen Sinngebung als Abbild der sündigen, todgeweihten Welt zu tun, die man auf dem Weg zur Erlösung durchmessen, hinter sich lassen muß: Der Westen ist die Todesrichtung (Sonnenuntergang), die Elfzahl steht für Sünde, Übertretung und Maßlosigkeit (da die Zahl über die Zehn Gebote

Das Kirchenlabyrinth von Lucca in der Toscana ist nicht begehbar, es ist in eine Marmortafel an einem Pilaster der Vorhalle des Doms gemeißelt (12./13. Jh.). Obwohl vom Typ Chartres, lädt die Inschrift daneben nicht zur christlichen Betrachtung, sondern erinnert an den Minotaurus und Theseus und behauptet, daß außer diesem „niemand herauskommt, der einmal drinnen ist", was jedermann widerlegen kann, der mit seinem Finger die erhabenen Labyrinthwege (die Trennlinien sind vertieft) entlangfährt.

hinausgeht) und gleichzeitig für Unvollkommenheit (da die Zahl der zwölf Apostel nicht erreicht wird).

Eine weitere Labyrinthform, der *Typ Jericho,* ist vorwiegend in Handschriften zu finden. Die sieben Mauerringe mit dem Eingang im Osten stellen die Stadt dar. Im römisch-katholischen Raum sind die Jericho-Labyrinthe gewöhnlich rund. In der griechisch-orthodoxen

Der Dom von Chartres mit dem berühmtesten aller Kirchenlabyrinthe

Das achteckige Labyrinth in der Kirche von St. Quentin (Frankreich) gleicht jenem in der Kathedrale von Amiens, ist aber um mehr als 200 Jahre jünger (enstanden Ende des 15. Jahrhunderts).

Unten: Das Labyrinth ist auch in seiner vermuteten Heimat Syrien nicht vergessen, wie dieses „Wasser-Labyrinth" in Damaskus aus dem 18. Jahrhundert beweist.

Kirche wird die eckige Labyrinthform bevorzugt. Das Jericho-Labyrinth ist aber auch im jüdisch-syrischen Raum verbreitet, wo beide Varianten vorkommen.

Das Jericho-Motiv ist vermutlich auf römisch-antiken Einfluß zurückzuführen: Die Städte Troja und Jericho wurden beide ohne Ge-

Rasenlabyrinthe sind für England typisch, dieses besonders schöne in Hilton geht auf das Jahr 1660 zurück.

walt eingenommen. Da der Name Jericho vom hebräischen Wort für Mond abgeleitet wurde, hat man auch von der „Mondstadt" gesprochen und sie mit wechselhaft und sündig assoziiert, wobei der Mond auch für Frauen stand.

England

Während aus Frankreich ausschließlich Kirchenlabyrinthe bekannt sind, entstanden in England etwas später ausschließlich Rasenlabyrinthe, die in Größe und Linienführung den Kirchenlabyrinthen gleichen. Ab dem 13. Jahrhundert ist hier der *Typ Chartres* zu finden. Fast ausnahmslos wurde die Form ausgehoben, man geht also am Rasen. Saffron Walden ist eines der wenigen Beispiele dafür, daß der Weg ausgehoben wurde und man zwischen den Rasenbändern geht.

Mit der Gründung der Anglikanischen Kirche mag das Wiederaufkommen des siebengängigen Ur-Labyrinths zusammenhängen, das sich aber teilweise wieder verliert.

Skandinavien

Ab dem 14. Jahrhundert entstehen Labyrinthfresken in dänischen und anderen skandinavischen Kirchen. Das Typische für diesen Raum sind aber die sogenannten „Trojaburgen", mit Steinen ausgelegte 7-, 11- oder 15-gängige Labyrinthe vom Ur-Typ. Das mag dem Klima entsprechen oder der Kultur, die das Labyrinth adaptiert oder hervorgebracht hat. Werden die Steine einer solchen Trojaburg später anders gelegt, so entsteht aus dem Labyrinth natürlicherweise ein Irrgarten. Interessant jedoch, daß Irrgärten in Skandinavien keine Tradition haben.

Linke Seite:
Das Rasenlabyrinth in Alkborough in England (Lincolnshire) wurde im 13. Jahrhundert von Benediktinermönchen angelegt und entspricht dem Chartres-Typus.

Darunter ein Vierungsstein mit Labyrinth in St. Mary in Redcliffe (England) aus dem 14. Jahrhundert.

Rechts: Ein Steinlabyrinth in Vaasa (Finnland). Mit der Spirale im Zentrum folgt es nicht der Strukur des Ur-Labyrinths.

In vielen Trojaburgen fanden (und finden da und dort immer noch) im Brauchtum verwurzelte Tänze statt, der Name „Jungferntanz" steht für diese Tradition. Es scheint aber auch festzustehen, daß Trojaburgen an besonderen Küstenplätzen von Seefahrern angelegt wurden. Zu welchem Zweck wissen wir nicht.
Nach einigen Vorkommen im baltischen Raum ist eine Sonderform des Labyrinth, das „baltische Radlabyrinth", benannt. Es hat nicht

Labyrinthe auf Kirchenwänden in Hasselager (Dänemark) und Räntmaki bei Abo in Finnland. Beide stammen aus dem Mittelalter.

nur einen Eingang, der zugleich der Ausgang ist, sondern der Weg führt vom Zentrum zu einem eigenen Ausgang.
Nicht nur in der nordischen Landschaft taucht das Labyrinth auf. Auch in einigen Kirchen Skandinaviens findet man an den Wänden oder als Teil von Deckenfresken interessante Labyrinthdarstellungen, die ins Mittelalter zurückreichen.

Bis auf ganz abgelegene russische Inseln reicht die Verbreitung der skandinavischen „Trojaburgen" (hier eine nicht genau datierbare Anlage auf einer Insel im Weißen Meer am Rande der Arktis).

6. Wendung – Irrgärten

Ab 1420 werden Irrgärten gezeichnet und angelegt. Die älteste bekannte Darstellung dieser Art stammt aus dem Notizbuch des venezianischen Arztes Giovanni Fontana (um 1420).
Es ist die Zeit, da sich die Menschen von der religiösen Gebundenheit emanzipieren. Wahlmöglichkeiten aufgrund von Mündigkeit

Die christliche Seele im Irrgarten der Welt, geleitet vom Band, das in hoher Himmelsburg ein Engel hält. Im Hintergrund rechts stürzt eine Pilgerseele in den Abgrund. Kupferstich von Boetius van Bolswart aus dem Andachtsbüchlein „Pia Desideria" des Jesuiten Hermann Hugo (um 1630 in Antwerpen in zahlreichen Auflagen erschienen und auch als Einzelblatt öfters nachgedruckt)

und Eigenverantwortung sind die Basis. Der Irrgarten wird damit zum Symbol einer Welt, in der sich der Mensch verlieren kann bzw. verliert. Zur Zeit des Manierismus wurde die Welt als poetischer Irrgarten Gottes (fälschlicherweise als Labyrinth bezeichnet) empfunden. Man blieb im Unentwirrbaren stecken.

Porträt eines unbekannten Mannes, gemalt um 1520 von Bartolomeo Veneto. Außer dem Labyrinth auf der Brust und den vielen Salomonsknoten (bedeuten Weisheit, aber auch Ewigkeit) zeigt es noch weitere Embleme mit Symbolgehalt und gibt auch sonst viele Rätsel auf. Am eindeutigsten erscheint das Labyrinth als Verschwiegenheitssymbol. Es verbirgt offenbar ein Geheimnis in der Brust des Mannes. Verstärkt wird dieser Eindruck dadurch, daß eine Hand das Zentrum des Labyrinths verdeckt.

Rechts: Planzeichnung des ehemaligen Irrgartens im Park von Schloß Schönbrunn in Wien, der – teilweise rekonstruiert – heute wieder zugänglich ist.

Neben dem Irrgarten lebt auch das Ur-Labyrinth weiter. Ab 1500 entstehen aber vor allem profane Labyrinthe. Das neue Interesse an der Antike und ihrer Mythen in Kunst, Literatur und Wissenschaft der Renaissance ist der Hintergrund für zahlreiche Darstellungen eines Labyrinths im Zusammenhang mit der Geschichte von Theseus und Ariadne.

In der Barockzeit erlebt der Irrgarten vor allem in den prächtigen höfischen Schloß- und Parkanlagen eine neue Blütezeit. Die meisten dieser Schöpfungen sind, wenn überhaupt, nur mehr fragmen-

Rechts unten: Nicht nur Adelige und Fürsten erfreuten sich an komplizierten Irrgärten, wie dieses auf einem Stich des 18. Jahrhunderts festgehaltene Beispiel aus Kraftshof bei Nürnberg zeigt, wo Pfarrer Martin Limburger einen Irrgarten als Treffpunkt für den „Pegnesischen Blumenorden", eine literarische Vereinigung, anlegen ließ.

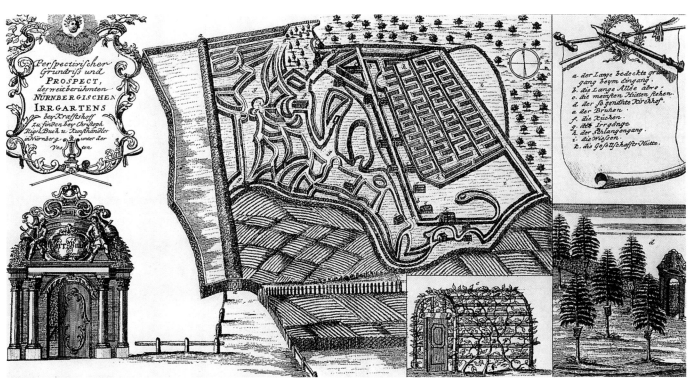

tarisch erhalten oder rekonstruiert, viele sind aber über das Planungsstadium und eine Realisierung auf repräsentativen Kupferstichen gar nie hinausgekommen.

7. Wendung – Labyrinthe in anderen Kontinenten

Die Verbreitung des Labyrinths beschränkt sich nicht auf Europa und den Vorderen Orient. In *Afrika* – wenn vom christlichen Nordafrika der Antike abgesehen wird – ist das Labyrinth allerdings in keiner der vielen Kulturen und Ethnien zu finden.

Asien

In Zentralindien findet sich eine Felsmalerei mit Labyrinth und einer über einen Stier springenden Figur, die mit 250 v. u. Z. datiert wird. Nicht gesichert ist auch die Datierung von Steinlabyrinthen, die mit 1000 v. u. Z. angegeben werden.
Sicher ist, daß in Indien das Labyrinth ab ca. 300 v. u. Z. bekannt ist. Möglicherweise ist Alexander der Große dafür verantwortlich. Um diese Zeit wird begonnen, das altindische Epos Mahabharata schriftlich zu fixieren, dessen Endfassung mit ca. 400 n. u. Z. abgeschlossen ist. Das Labyrinth erscheint im Epos als eine Schlachtordnung in Radform, die selbst die Götter nicht durchdringen können. Möglicherweise war diese Schlachtordnung ursprünglich igelförmig, und die Labyrinthstruktur wurde erst viel später hineinprojiziert.
Cakra-vyuha, 12./13. Jh. n. u. Z., ist die älteste sicher datierbare Labyrinthdarstellung in Indien, eine Abwandlung der Urform. Auch alle späteren zeigen die Struktur des Ur-Labyrinths. Der Begriff „cakra vyuha" taucht auch in Verbindung von Türschwellenzeichnungen und geburterleichternden magischen Praktiken ab dem 17. Jahrhundert auf.
Von Indien kam das Labyrinth im 8./9. Jh. n. u. Z. durch Eroberungen nach Afghanistan, Java und Sumatra. Es hat in Erzählungen Bedeutung und ist auch auf Fingerringen abgebildet sowie auf Baumrindenblättern im Kontext mit magischen Sprüchen zu finden. Im 18. Jh. werden Labyrinthe im Zusammenhang mit tantrischen Texten auf Manuskripte gezeichnet.
Im zeitgenössischen Japan finden vor allem großzügig angelegte Irrgärten Interesse.

Das Hopi-Labyrinth auf einem Silberring und als Korbgeflecht

Nicht erst am Ende des 20. Jahrhunderts erlebte das Labyrinth in England eine Renaissance. Jugendstil und Art déco hatten schon hundert Jahre früher das Symbol für dekorative Zwecke, aber auch zur Andeutung von Sinnfragen entdeckt. Die fünf je ein Labyrinth haltenden Engel schmücken seit 1898 die Watt's Chapel in Compton, Surrey.

Amerika

Labyrinthe sind seit dem 16. Jahrhundert in Arizona und New Mexico bekannt, Hopi und Navajo sowie weitere Stämme wie die Pima und Tohono O'odham kennen es. Seit drei Jahrhunderten gibt es Steinritzungen und Belege in Schriften. Die Pima fügen bei ihren Labyrinthformen in Korbgeflechten eine Figur hinzu, so wie es auch die Batak auf Sumatra tun. Diese Figur wird oft als eine „Eulenspiegelfigur" bzw. als „Mann im Labyrinth" interpretiert.

Kern vermutet wegen der Übereinstimmung mit indischen Geburtslabyrinthen, daß das Labyrinth von Indien aus eingeführt wurde. Oder kam das Labyrinth von Skandinavien über den Atlantik zu den Indianern (so wie die Wikinger vor Columbus nach Nordamerika kamen)? Diese Frage sucht noch ihre wissenschaftlich belegte Antwort. Es sind übrigens ausschließlich Labyrinthe des Urtyps, die in Nordamerika entstanden.

Seit 1970 gibt es in den USA ein starkes Interesse am Labyrinth, das sich in neuangelegten Labyrinthen (Ur-Typ und Typ Chartres) sowie neuen Kreationen konkretisiert. Vor allem GeomantInnen beschäftigen sich mit dem Labyrinthbauen. Workshops werden durchgeführt mit dem Ziel, Probleme zu lösen, spirituelle Erfahrungen zu ermöglichen u. a. m. (siehe Beitrag von Robert Ferré, Seite 123 ff.). 1998 wird auf der 4. Labyrinth-Konferenz in den USA *The Labyrinth Society* gegründet. 2002 findet die bereits achte Labyrinthkonferenz in Sacramento statt.

Australien

Der traditionellen australischen Kultur ist das Labyrinth nicht bekannt. Ein Irrgarten wurde auf diesem Kontinent erstmals 1862 nach englischem Vorbild angelegt. Heute gibt es über 200 Irrgärten und einige wenige Labyrinthe auf diesem Kontinent.

Europa in jüngerer Zeit und heute

Ab der zweiten Hälfte des 18. Jahrhunderts werden in Europa viele Anlagen zerstört bzw. vernachlässigt. Um 1900 führt Sir Arthur Evans verstärkt Forschungen und Ausgrabungen in Knossos auf Kreta durch, weil er den Ursprung des Labyrinths dort vermutet. Doch es gibt dort bis heute keine archäologischen Labyrinth-Funde, die dies beweisen könnten. Gleichzeitig mit Evans' Forschungen befassen sich einige Künstler des Jugendstils und des Art déco wieder vermehrt mit dem Labyrinth.

Um 1970 schließlich beginnt das Interesse an Labyrinth und Irrgarten in bezug auf Rezeption, Forschung und künstlerische Produktion neuerlich zu wachsen. Zu letzterem Bereich, der zeitgenössischen Kunst, meint Hermann Kern kritisch (und meint dabei natürlich nicht nur England): *Die Wirkmächtigkeit des Labyrinths übertrifft die Formulierungskraft der meisten Künstler.* Daraus ergibt sich die Fragestellung: *Wofür steht diese Widersetzlichkeit der Labyrinthfigur?*[3]

DIE LABYRINTHISCHE VERNETZUNG AM ENDE DES 20. UND ZU BEGINN DES 21. JAHRHUNDERTS

Hermann Kern, dessen Werk die Grundlage der historischen Labyrinthforschung ist, kann wegen seiner über mehr als zehn Jahre andauernden Korrespondenz und Recheche als wesentlicher Initiator vor allem der wissenschaftlichen Vernetzung gelten. Diese repräsentierte sich sowohl durch seine Ausstellung in Mailand 1981 als auch durch sein Buch, das, basierend auf dem italienischen Ausstellungskatalog, 1982 auf deutsch erschien. Sein Wunsch, diese Ausstellung europaweit zu präsentieren, erfüllte sich durch seinen frühen Tod 1985 nicht mehr.

Jeff Saward aktualisierte gemeinsam mit *Robert Ferré* die erstmals 2000 erschienene englische Kern-Ausgabe. Er gilt als der weltweit

"Historische" Fotos von der wegweisenden Labyrinthausstellung Hermann Kerns (Bild unten) in Mailand (1981)

bestinformierte Labyrinthfachmann, der auch über das größte Fotoarchiv verfügt. 1976 begann er sich für Labyrinthe zu interessieren. Bereits 1980 publizierte er zusammen mit seiner Frau Deb Saward das bis heute einmal jährlich erscheinende Journal *Caerdroia – the journal of Mazes and Labyrinths*. Er organisierte das erste Labyrinth-Treffen 1983 in Cambridge (England), dem 1985 ein weiteres folgte. 1986, 1991 und 2000 fanden diese in Saffron Walden (England) ihre Fortsetzung.

In *Großbritannien* gewann 1970 durch die Wiederauflage des Buches *Mazes and Labyrinths* von *W. H. Matthews* und die Publikation *Mazes and Labyrinths of the World* von *Janet Bord* 1976 das Interesse am Thema an Bedeutung. *Nigel Pennick* (1990, *Mazes and Labyrinths*) trug wesentlich zu der Verbreitung von Wissen über Labyrinthe bei. *Adrian Fisher* gilt heute als der bekannteste und mit über zweihundert Projekten als der aktivste Irrgartenspezialist. *Randoll Coate*, sein früherer Partner, entwickelte seinen eigenen Stil von innovativen Irrgärten.

Saffron Walden, wo eines der berühmtesten englischen Rasenlabyrinthe besucht werden kann, war 1983 Schauplatz des ersten britischen Labyrinth-Treffens. Im Labyrinth von Saffron Walden geht man übrigens nicht auf dem Rasen, sondern in den ausgehobenen Wegen dazwischen.

Das Jahr 1991 wurde in Großbritannien zum Internationalen Jahr des Irrgartens *(Year of the Maze)* ausgerufen.

In den *USA* setzten die Labyrinthaktivitäten mit größerer Öffentlichkeit 1991 ein. Die Annäherung an das Thema erfolgte von zwei Seiten: der geomantischen und der christlich-spirituellen. *Jean Lutz* (sie leitet bereits Mitte 1960 Labyrinthseminare) gelang es, diese beiden unterschiedlichen Gruppen einander näherzubringen. Sie gab ab 1993 *The Labyrinth Letter* heraus und organisierte die erste Labyrinthkonferenz 1995, der 1996 eine weitere folgte. Durch sie wurde auch *Lauren Artress* – sie ist Psychotherapeutin und Pastorin der Episcopal Church) – inspiriert, die wesentlich zur Verbreitung des Labyrinths beitrug. (Siehe auch den Beitrag von Robert Ferré in diesem Buch, S. 123 ff.)

In *Frankreich,* wo das berühmte Kirchenlabyrinth von Chartres vollständig erhalten ist, sind vor allem *John Ketley* (*Chartres: Le Labyrinthe déchiffré,* 1997), *John James* und *Paul de Saint-Hilaire* als

Zwei moderne Irrgärten, wie sie nicht nur in Amerika und Japan beliebt sind: links eine Schöpfung Adrian Fishers in Cornwall (kurz nach 1990) und rechts „The Arkville Maze" in New York von Michael Ayrton (1960)

wesentliche Labyrinthkenner zu nennen. In Chartres selbst beginnt das Interesse am Labyrinth aufgrund des Engagements von Lauren Artress zu erwachen. Durch sie und Robert Ferré initiiert, werden die seit Jahrzehnten auf dem Labyrinth stehenden Gebetsbänke einmal wöchentlich beiseite gestellt. So wird das Labyrinth wieder sichtbar und lädt zum Begehen ein.

Irrgärten scheinen die französische Bevölkerung jedoch noch mehr zu faszinieren, was sich z. B. im Loire-Tal zeigt, wo 1996 sechs Irrgärten angelegt wurden.

In *Portugal* engagiert sich *Carlos Soreto*. Ein Stein-Labyrinth des Ur-Typs wurde 2002 von *Henk und Regina Coppens* (Niederlande) nahe von Lagos in der Algarve gelegt. In Lissabon wurde ein Labyrinth des Chartres-Typs von *Lima de Freitas* an einer Häuserwand angebracht.

In *Spanien* ist nur ein zeitgenössisches Labyrinth zu finden: ein Labyrinthgebäude aus Granit mit sieben Gängen (9 x 12 x 2 m), vom nordamerikanischen Bildhauer *Robert Morris* entworfen (in Anlehnung an die historische Labyrinthstruktur in Mogor, Pontevedra), und 1999 errichtet. Es befindet sich im Illa de Esculturas in Pontevedra, Galicia.

In den *Niederlanden* arbeiten u. a. Henk und Regina Coppens mit dem Labyrinth.

In der *Schweiz* entstand seit 1989 aus einem politisch-künstlerischen Frauenprojekt von *Rosemarie Schmid* und *Agnes Barmettler* eine starke soziokulturelle Labyrinthbewegung, die heute international tätig ist. Ziel ist, gemeinsam mit anderen einen Bewußtseinswandel herbeizuführen und ein neues Gleichgewicht in Gesellschaft und Natur zu schaffen. Mit dem Risiko und der Chance einer gewaltfreien Auseinandersetzung soll Anerkennung der Gleichwertigkeit aller Wesen erreicht werden. Die Schweiz ist jenes Land, in dem am meisten neuangelegte Labyrinthe (im öffentlichen Raum etwa

Zentrum der Labyrinthbewegung in der Schweiz: das Pflanzenlabyrinth im Zürcher Zeughausareal

In der Labyrinthausstellung 1995 in Stockholm

80 und eine unbekannte Anzahl im privaten) existieren. *Susanne Kramer-Friedrich* erarbeitete 1997 die erste Labyrinth-Karte der Schweiz. (Siehe auch die Beiträge von Kramer-Friedrich und Barmettler in diesem Buch, S. 140 ff. und S. 156 ff.)

Der *skandinavische Raum* wurde von *Bosse und Anita Stjernström* (Schweden) sowie *John Kraft* (Schweden) in bezug auf Labyrinthe erforscht. Sie recherchierten Plätze, Namen, Struktur und die Geschichte. Der Ausdauer – es dauerte dreizehn Jahre bis 1995 – von Bosse und Anita Stjernström ist es zu verdanken, daß sich nun bei den historischen Labyrinthen behördliche Informationstäfelchen befinden. 1995 präsentierte Stockholm eine große Labyrinth-Ausstellung. Und 1998 organisierte der Däne *Jørgen Thordrup* in seiner Heimat eine Labyrinth-Ausstellung sowie 1999 eine in Norwegen.

In *Deutschland* erarbeitete *Hermann Kern*, Münchner Kunsthistoriker und Jurist, die weltweit erste umfassende wissenschaftliche Dokumentation zum Thema Labyrinth.[4] *Kurt Krüger* steuerte Wesentliches über Labyrinthe in Deutschland bei und setzt sich auf der mathematischen Ebene mit Irrgärten auseinander. Viele neue Labyrinthe entstanden, etwa in Köln (1973), Heersum (1985), Münsterschwarzach (1988), Grünberg-Weikartshain (1993), Erlangen (1994), Disibodenberg (1998).

Labyrinth-Impressionen aus Deutschland: oben links am Gottvaterberg in Plech, oben rechts in der Jakobuskirche von Hohenberg, links auf der Wöhrder Wiese in Nürnberg

Von *Silke Wolf* und *Werner Kaufmann* wird im Jahr 2000 die Homepage www.begehbare-labyrinthe.de ins Netz gestellt, die alle begehbaren Labyrinthe Deutschlands detailliert anführt, und laufend aktualisiert. Für *Das Fest der 2000 Frauen* in Frankfurt/Main, organisiert im Jahr 2000 von *Dagmar von Garnier*, entwarf die Schweizer Künstlerin Agnes Barmettler ein Frauen-Gedenk-Labyrinth, das seither von Ort zu Ort reist.

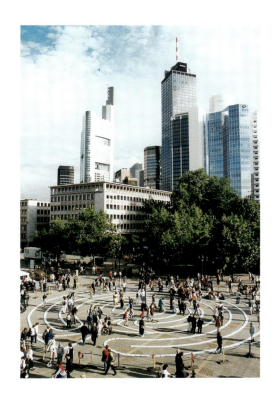

Frankfurt 2000, Platz vor der Alten Oper: Das von der Schweizer Künstlerin Agnes Barmettler geschaffene Frauen-Gedenk-Labyrinth wird im Rahmen des Festes der 2000 Frauen eröffnet.

Die Spindel, ein Ausstellungsstück aus der ersten österreichischen Labyrinthausstellung in St. Pölten, initiiert und inhaltlich gestaltet von Ilse M. Seifried (1999)

Österreich

In *Österreich* fand 1999 die erste Labyrinthausstellung im deutschsprachigen Raum *Die Kunst zu wandeln – Das Labyrinth – Mythos und Wirklichkeit* in der Shedhalle von St. Pölten statt, zu der auch ein Ausstellungskatalog erschien. Konzipiert wurde beides von *Ilse M. Seifried*.

Als ältester Fund in Österreich gilt das römische Mosaiklabyrinth, das um 280 n. u. Z. in Salzburg angelegt wurde und heute im Wiener Kunsthistorischen Museum zu besichtigen ist. Aus dem frühen 12. Jahrhundert stammt das Buchlabyrinth (Typ Chartres) in Admont. Importiert wurde die Evangelienharmonie des Otfried von Weißenburg mit ihrer Labyrinthdarstellung (9. Jahrhundert); das Buch befindet sich heute gemeinsam mit zwei weiteren Labyrinthen (Typ Chartres) aus Venedig (16. Jahrhundert) in der Österreichischen Nationalbibliothek. Ein Labyrinth vom Typ Chartres aus dem 12./13. Jh., angefertigt wahrscheinlich in St. Gallen, bewahrt das Stift Zwettl auf, ein siebengängiges aus dem 14. Jahrhundert aus Byzanz besitzen die Mechitaristen in Wien.

Im Jahr 1987 stellte *Rudolf Hausner* sein Bild *Das Labyrinth* fertig. Weitere *österreichische KünstlerInnen*, die sich intensiver mit dem

Die Kunst zu (ver)wandeln: Ein Labyrinth in Kugelform, kreiert von Marianne Ewaldt (Ø ca. 35 cm, Ton)

Rudolf Hausner hat 1991 seinen Weg vom Kind zum Erwachsensein als Labyrinth-Allegorie dargestellt.

Thema Labyrinth auseinandersetzen, sind Marianne Ewaldt (die bereits 1994 auch begehbare Labyrinthe in Salzburg zu bauen begann), Hermann Friedel, Martha Theresa Kerschhofer, Siegfried Holzbauer, Hans-Rudolf Koch, Ingrid Mantschef, Horst Mundschitz, Ernst Steiner, Rosemarie Sternagl, Editha Taferner, Hans Dupal und andere. Auch die Südtirolerin Christine Gutgsell, die viele Jahre in Wien lebte und arbeitete, hat sich in ihren Arbeiten mit dem Labyrinth beschäftigt.

Die Kirchengemeinde in Freistadt legte 1994 ein Labyrinth an. Heribert Hirschegger baute 1995 wie auch Jörg Purner 1997 ein

Noch einmal Marianne Ewaldt, hier ihr Netzlabyrinth (land art im Park von Schloß Hellbrunn, 2001)

Labyrinth in Pöllau. Weitere entstanden in Heiligenkreuz (1997, angelegt von der Kirchengemeinde), in Obdach (1997, Marianne Ewaldt), in Wien (1998, von einer Seminargruppe für religiöse Berufe), in Bad Mitterndorf (1999, Christa Moises), in Oberleis (1999, von der Kirchengemeinde), in Innsbruck und Bad Tatzmannsdorf (1999 Gernot Candolini), auf dem Wiener Zentralfriedhof (1999, Christof Riccabona), in der Pfarre Südstadt bei Wien (2000, von der Pfarrgemeinde angelegt), in Krumbach (2001, Hermann Friedel), in Loipersdorf (2001, Ernst Strasky), in Schweiggers (2001, Willi Engelmayer), in Waldhausen (2002 im Rahmen der oberösterreichischen Landesausstellung), in der Propstei St. Gerold (2002, Hermann Friedel), in St. Georgen (2002, Bildungshaus am Längsee), in St. Johann/Herberstein (2002, Haus der Frauen).

Temporäre Labyrinthe legten (und legen) u. a. Gernot Candolini, Marianne Ewaldt, Erich Gonschorowski, Ilse M. Seifried und Josef Volsa an. *Musikalisch* setzten sich die österreichischen Musiker Karl Heinz Essl und Alex Seidelmann mit dem Thema auseinander. *Literarisch* befassten sich u. a. Marie Luise Kaschnitz, Dorothea

Zwei Beispiele für neue Labyrinthe in Österreich: Obdach in der Steiermark (rechts) und Pöllau, wo Schulkinder die Steine bemalt haben.

Nürnberg, Christoph Ransmayr und Ilse M. Seifried mit Labyrinth und Irrgarten. Brigitte Hofer und Ursula Baatz stellten *Sendungen* zum Labyrinth für Ö1 zusammen.

Fachspezifisch in der *Psychologie* ist Eva Scala sowie im Fach *Ältere deutsche Sprache und Literatur* Prof. Birkhan dem Labyrinth auf der Spur. Eveline Weiss schrieb die *Dissertation* „Das Labyrinth. Ein Hoffnungssymbol" an der Kath.-Theologischen Fakultät der Universität Wien (2002). *Im pädagogischen/sozial- und lebensberatenden Bereich* arbeiten Veronika Hopfner, Gernot Candolini, Maria Strauss, Ilse M. Seifried, die Pädagogische Aktion Oberösterreich. Spezialistin für *Mäander- und Labyrinth-Arbeit mit Tieren* ist Ruth Lasser.

2001 initiierte Ilse M. Seifried die erste *Labyrinth-Fachtagung* für den deutschsprachigen Raum in Dornbirn (Österreich). Die 36 TeilnehmerInnen realisierten den Anspruch, den labyrinthischen Charakter sowohl organisatorisch als auch inhaltlich umzusetzen. Dies bedeutet, daß es keine Vortragenden gab, sondern die Teilnehmenden brachten sich eigenverantwortlich, eigeninitiativ und gleichwertig ein. Die Dynamik des lebendigen Prozesses hatte immer Vorrang. Daß dies gelang, war dem hohen Kommunikationsniveau und der Konfliktlösungsqualität aller TeilnehmerInnen zu danken.

Im Dezember 2001 wurde in Wien der *Verein Das Labyrinth* gegründet, der sich zum Ziel gesetzt hat, Geschichte, Wirkweisen und Phänomene des Labyrinths zu erforschen sowie impulsgebende künstlerische Auseinandersetzungen zu fördern. In einem noch zu errichtenden Zentrum ist geplant, ein Erfahrungs- und Erkundungsfeld zur Verfügung zu stellen. Eine weitere Aufgabe ist es, die Labyrinthforschung in interdisziplinären Zusammenhängen voranzutreiben und die Ergebnisse ihrer praktischen Umsetzung/Anwendung zu finden. Weiters soll durch ein fein und differenziert gewobene Vernetzung Information und Kommunikation erleichtert werden, aus der Neues entsteht.

So wird das Kommunikationsnetz der am Labyrinth Interessierten immer dichter. Am ersten Labyrinthsymposium[5] der *Labyrinth-Society* in Europa, Glastonbury im Mai 2002, zeigt sich mit der Teilnahme von 90 Fachleuten aus 10 Nationen[6] das immer größer werdende, nicht nur virtuelle, sondern auch reale Bedürfnis nach Vernetzung der Labyrinthbewegung. Diese Symposien sind als Ergänzung zu den Jahres-Konferenzen geplant und werden weiterhin in Europa stattfinden.

Im Februar 2003 wird in Wien der erste wissenschaftliche Labyrinth-Workshop für den deutschen Sprachraum vom *Verein Das Labyrinth* und vom *Atominstitut der Österreichischen Universitäten* (TU Wien, Prof. Heinz Oberhummer) durchgeführt. Für August 2003 sind sowohl ein österreichisches Labyrinthtreffen als auch die zweite Fachtagung für den deutschen Sprachraum in Zürich geplant.

Labyrinthisches Laugenbrot für die TeilnehmerInnen an der ersten Labyrinth-Fachtagung im deutschen Sprachraum (Dornbirn/Vorarlberg, 2001)

ANMERKUNGEN:

[1] Siehe dazu vor allem: Hermann Kern, Labyrinthe. Erscheinungsformen und Deutungen. 5000 Jahre Gegenwart eines Urbilds. München 1982 (5. Auflage 1999)
[2] Damit wurden patriarchale Wertvorstellungen zementiert.
[3] Kern, a.a.O., S. 445 ff.
[4] siehe Anm.1
[5] Organisiert von Jeff Saward, Kimberley Lowelle, Sig und Karin Lonegrin
[6] Deutschland, England, Frankreich, Israel, Niederlande, Österreich, Portugal, Schweden, Schweiz, USA

Literatur – Eine Auswahl
(die Literaturlisten der einzelnen Beiträge ergänzend):

Attali Jacques, Wege durch das Labyrinth, Hamburg 1999
Artress Lauren, Walking a sacred Path, New York 1995
Betz Otto, Labyrinth des Lebens, Freiburg 1999
Brauner Christa, Play Larry, Versuch über das Labyrinth, Wien 1996
Borges Jorge Luis, Gesammelte Werke, Frankfurt/M 1992
Caerdroia, Englische Labyrinthzeitschrift, Eigenverlag
Candolini Gernot, Das geheimnisvolle Labyrinth. Mythos und Geschichte eines Menschheitssymbols, München 1999
Charpentier Louis, Die Geheimnisse der Kathedrale von Chartres, Köln 1997
Curry Helen, The Way of the Labyrinth, New York 2000
Derlon Pierre, Die Gärten der Einweihung und andere Geheimnisse der Zigeuner, München 1995
Dürr Friedrich, Die Schrift als semitische Morgengabe an Athen und Rom, Libri 2000
Dürrenmatt Friedrich, Labyrinth Stoffe 1-3, Zürich 1990
Eco Umberto, Im Labyrinth der Vernunft. Texte über Kunst und Zeichen, Leipzig 1995
Gould Barbara K., „But Ariadne was never there in the first place", in: Feminist Theory 1993
Graves-Ranke, Robert von, Griechische Mythologie, Hamburg 1994
Gruenter Undine, Vertreibung aus dem Labyrinth, München 1992
Hallmann Frithof, Das Rätsel der Labyrinthe, Damböck 1994
Hofer H. G., Höhlen als frühe Observatorien. Die Entschlüsselung des Labyrinths? Heimsheim 1996
Jaskolski Helmut, Das Labyrinth, Stuttgart 1994
Kern Hermann, Labyrinthe. Erscheinungsformen und Deutungen. 5000 Jahre Gegenwart eines Urbilds, München 1982 (5. Auflage 1999)
Komlosy Andrea (Hrg.), Spinnen – Spulen – Weben. Leben und arbeiten im Waldviertel und anderen ländlichen Textilregionen, Krems/Horn 1991
Klein Gabriele, FrauenKörperTanz: Eine Zivilisationsgeschichte des Tanzes, Berlin 1992
Kraft John, Die Göttin im Labyrinth, Bern 1997
LebensMuster, Textilien in Indonesien, Katalog, Museum für Völkerkunde in Wien, 1996
Lonegren Sig, Labyrinths, ancient myths & modern uses, Glastonbury 1996
Martens Ekkehard, Der Faden der Ariadne, Stuttgart 1991
Monaghan Patricia, Lexikon der Göttinnen, Bern 1997
Nin Anais, Labyrinth des Minotaurus, München 1985
Pennick Nigel, Die Spiele der Götter, Meilen 1992
Purner Jörg, Radiästhesie – ein Weg zum Licht? Mit der Wünschelrute auf der Suche nach dem Geheimnis der Kultstätten, Wettswil 1988
Redmond Layne, Frauen Trommeln, München 1999
Schaefer Signe, Das Erwachen Ariadnes, Stuttgart 1987
Strobel Wolfgang, Schöpferische Psychotherapie, in: WAP 1995, Bad Wildungen
Wolff Uwe, Reise ins Labyrinth, Freiburg 2001
Wege der Forschung, Band 651, Wiss. Buchgesellschaft Darmstadt 1992

Ilse M. Seifried

Der Mythos von Ariadne und Theseus

Ein Mythos ist eine Sage oder eine Dichtung von GöttInnen, HeldInnen und Geistern aus der Urzeit eines Volkes. Manches davon wurzelt in historischen Begebenheiten. Die Intention der mündlichen oder schriftlichen Tradition ist, Wissen weiterzugeben, gesellschaftliche Veränderungen zu dokumentieren und Herrschaftsansprüche zu legitimieren.

Der Mythos von *Ariadne und Theseus* existiert in vielen Varianten. Um 100 n. u. Z. zeigte Plutarch in seiner Zusammenfassung all die widersprüchlichen Berichte und Interpretationen auf, die von Ovid in seinen „Metamorphosen", von Vergil („Aeneis"), von Diodorus, Apollodorus, Homer und anderen stammen. Innen- wie außenpolitische Interessen und individuelle Interpretationen gestalteten die unterschiedlichen Fassungen wohl mit.

Zusammenfassend läßt sich sagen, daß der griechische Mythos alte (matriarchale) Werte und Sitten mit neuen (patriarchalen) vermengt bzw. einen Übergang dokumentiert.[1] Die einzelnen Aspekte zu analysieren, zu erforschen und in Zusammenhänge zu setzen, erweitert unser Kultur- und Geschichtsverständnis.

Ich werde den Mythos von *Ariadne und Theseus* so erzählen, wie *ich* ihn verstehe. Um sichtbar zu machen, in welcher Phase der Kulturgeschichte der griechische Mythos eingebettet ist, hole ich zunächst aber weiter aus und beginne mit dem ersten schriftlich fixierten Epos der Weltgeschichte, dem Gilgamesch-Epos. Dieses ist in Mesopotamien, das in etwa die heutigen Gebiete von Irak und Syrien umfaßt, beheimatet. In Syrien (Tell Rifa'at) wurde 1960 das mit 1200 v. u. Z. datierte und somit bisher älteste sicher datierbare archäologische Labyrinthobjekt gefunden.[2]

Vor etwa 7000 Jahren wird das Gebiet von Mesopotamien besiedelt und es entwickelt sich in den nächsten Jahrhunderten die erste Hochkultur der Menschheit. Im Norden lassen sich die Akkader nieder, die der semitischen Sprachgruppe angehörten, im Süden die Sumerer, wohl aus einer dravidischen Sprachgruppe Indiens. Um diese Zeit

Ariadne (mit der Trommel) auf einem römischen Sarkophag

werden Kuh und Stier domestiziert und lösen damit die vorrangige Stellung des Schafes im Alltag und religiösen Leben ab.

Die Kuh war in Indien heimisch, ehe sie sich über die ganze Welt verbreitete. Sie ist ein Tier, dem die Menschen viel zu verdanken haben. Deshalb gab und gibt es bei vielen Völkern einen Kuhkult. In Nordeuropa kennt man zum Beispiel einen Mythos, der erzählt, daß die Kuh *Audhumbla* das erste Wesen der Welt war. Sie leckte einen Mann aus dem Eis, der wiederum zum Großvater der Götterfamilie der Asen wurde. In Indien gilt die Kuh immer noch als heilig und darf nicht geschlachtet werden. In Spanien haben Stierkämpfe immer noch Tradition, um nur einige Hinweise zu geben.

Im Sanskrit heißt das Wort für Stier *bala,* aus dem sich der Name des Gottes *Baal* ableitet, der in Ugarit in Kanaan noch im 14. Jh. v. u. Z. als Geliebter der Göttin galt. Spuren dieses Kultes sind auch in der Bibel zu finden, wenn das „auserwählte Volk" in heidnische Traditionen zurückfällt und vom Tanz um das „Goldene Kalb" erzählt wird.

Um 2700 v. u. Z. ist Uruk mit etwa 50.000 EinwohnerInnen die bedeutendste Stadt Mesopotamiens. Hierarchisch zentralistisch organisiert, liegt die Macht in den Händen eines Mannes. Der größte und bedeutendste Tempelbau ist jedoch noch immer einer Göttin geweiht, Inanna mit ihrem sumerischen bzw. Ishtar mit dem akkadischen Namen.

Bereits 500 Jahre davor war die Schrift (Keilschrift) erfunden worden. Der Übergang von logographischen, also bildhaften Schriftzeichen, wie es Hieroglyphen sind, zu einem phonetischen Buchstabensystem gilt auch als Wendepunkt der Nutzung der Gehirnhälften mit Schwerpunktverschiebung von der linken zur rechten Hälfte.
Der erste Schriftsteller der Weltgeschichte ist eine Frau, Enheduanna. Sie ist die Tochter des akkadischen Königs Sargon I., der um 2300 v. u. Z. ein Großreich beherrscht. Doch die Zeiten der Vorherrschaft weiblicher Gottheiten sind zu dieser Zeit bereits im Ausklingen und schriftlich kaum dokumentiert.
Um 2650 v. u. Z. könnte Gilgamesch gelebt haben. Doch alles, was wir über ihn wissen, ist Mythologie. Seine Mutter ist die Göttin Ninsun, Herrin der Wildkühe. Ihr verdankt er die wegweisende Deutung seiner Träume, und auch von anderen Frauen erhält er wesentliche Unterstützung. Und doch: Gilgamesch weist Inanna zurück und tötet den Himmelsstier, dessen Hörner er in der einen Fassung der Göttin Inanna in deren Tempel, in einer anderen Fassung in den Schlafraum seines Vaters bringt.
Die Initiation zum Mann (z. B. Enkidu) erfolgte durch die Frau und Priesterin. Gilgameschs Vater ist Lugalbanda, ein sterblicher Mensch und König von Uruk. Göttliche Abstammung konnte damals nur von der Mutter, der Göttin abgeleitet werden. Daher reklamierten viele Könige Ninsun als Ahnin. Gilgamesch aber will die männliche Herrschaft durchsetzen und beansprucht die Alleinherrschaft und Macht über alles, das heißt über Leben und Tod, und über alle – als erster Machthaber der Geschichte fordert er „die erste Nacht" der Frau (später „ius primae noctis" genannt), was ihm in der Bevölkerung Widerstand einbringt und nach ihm nicht weiter durchsetzbar war.
Im Laufe der Zeit wird Gilgamesch in schriftlichen historischen Dokumenten nicht mehr als Mensch, sondern als Gott bezeichnet. Der mythologische Gilgamesch jedoch stirbt letztendlich als alter Mann, eine Schlange hatte ihm vor der Nase das Kraut der ewigen Jugend weggefressen.
Um 1750 v. u. Z. übernehmen die Amorriter, verwandt mit den Akkadern, mit Hammurapi an der Spitze, die Herrschaft über weite Gebiete Mesopotamiens. Babylon wird zur Hauptstadt. Unter Hammurapi wird mit Marduk zum ersten Mal ein männlicher Gott als höchstes Wesen eingesetzt – damit ist der Sieg des Patriarchats

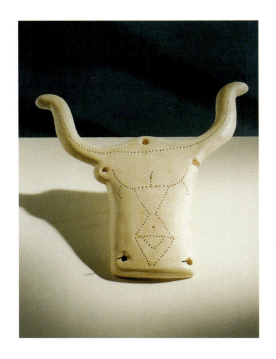

Mythos Kuh/Stier: in der Ukraine gefundenes Bukranium (Rinder-, Kuh oder Stierschädel) aus dem 4. Jahrtausend v. u. Z. (Frauenmuseum Wiesbaden). Die gepunktete Darstellung wird als Bienengöttin interpretiert.

scheinbar gelungen. Die Zeit davor war eine diesen Wechsel vorbereitende, eine Zeit des Überganges, eine Zeit der Wende.

Das Epos Gilgamesch, von dem rund ein Fünftel gegenwärtig unbekannt ist, fand in Form von Abschriften um 1000 v. u. Z. seine größte schriftliche Verbreitung. Es war auch Vorlage für die SchreiberInnen der Bibel. Die Sintflut ist beschrieben, die Schuld der Menschen an dieser findet sich allerdings erst im Alten Testament. Die Lebensweisheiten des Siduris wurden fast wortident übernommen. Göttin Ninsun preist ihren Sohn Shulgi als den Geborenen, der die Gerechtigkeit bringt. Die Christen erhielten, so ändern sich eben die Zeiten, ihren Erlöser von einem männlichen göttlichen Vater und einer sterblichen Frau. Auch in der etwa 1000 Jahre jüngeren Odyssee von Homer finden sich leicht abgewandelte Abschnitte des Gilgamesch-Epos (z. B. Ninsuns Gebet und die Unterweltschilderung).

Der Ursprung der westlichen Kultur liegt in diesem Raum, in dieser Zeit.[3] Heute scheint in Europa die Zeit gekommen zu sein, die kulturellen Wurzeln zu erkunden, den Entwicklungsfaden bewußt zurückzuverfolgen und die nächste Wende eines partnerschaftlichen Miteinanders von Frauen und Männern zu nehmen. Nach meinem Verständnis sind die Männer mit ihrem männlichen Gott gescheitert. Das gegenwärtige Spiritualitätsverständnis ermöglicht, daß weibliche Aspekte einer Gottheit wieder denkbar und erlaubt sind. Nach der Auseinandersetzung mit der Gott-Mutter und dem Gott-Vater in ihrem Antagonismus könnte die Zeit der Individualität im Sinne eines Miteinanders in der Gemeinschaft gekommen sein.

Die Kultur der Griechen baute auf dem Wissen Mesopotamiens bzw. Ägyptens auf. Der Mythos von *Ariadne und Theseus* ist deshalb auch verwoben mit Aspekten mesopotamischer und ägyptischer Mythen und stellt eine Verbindung von vorpatriarchalen und patriarchalen Elementen dar. In ihrer ursprünglichen minoischen Form war Ariadne (ari-hagne), *die überaus Reine* bzw. *die sehr Heilige*, eine Göttin. Ariadne, Göttin der Unterwelt und der Fruchtbarkeit, zugleich eine Vegetationsgöttin, ähnlich der griechischen Persephone.

Interessant ist in diesem Zusammenhang, daß Kjell Aartun das Wort *Labyrinth* in der semitischen Wurzel *LBR* abgeleitet sieht, dessen Bedeutung die Begriffe *Reinheit* und *Makellosigkeit* im Sinne von „das weiblich Reine" umfaßt und mit dem Euphemismus „weiblicher Brunnen" verwandt ist. Hierbei ist anzumerken, daß der Begriff

Reinheit innerhalb der katholischen Kirche (die Europa prägte) geradezu gegensätzliche Bedeutung erhielt, indem sie die Sexualität verteufelte.

Doch nun sei der Mythos weitererzählt. Auf Kreta feierte die *kuhgesichtige* Göttin bzw. deren Priesterin mit dem *stierköpfigen* Priester die *Heilige Hochzeit (Hieros Gamos)*, ein Ritual, das nach dem Winter die Wiedergeburt der Natur symbolisiert. Für ein Jahr durfte der Erwählte an ihrer Seite sein. Von diesem Brauch wird bereits in Mesopotamien und Ägypten berichtet. Der älteste schriftliche Beleg wurde um 1200 v. u. Z. verfaßt. Auch Plutarch erzählt davon, aber von einer späteren, abgewandelten Form: Hera wird eine Kuh geopfert, Zeus ein Stier. Beide Tiere werden mit dem *daidalon* (aus einem heiligen Baum gemacht) verbrannt. Ob es eine Verbindung zum Dädalus der Pasiphae gibt, bleibt offen.

Die Zeit verging und veränderte sich, und damit wandelten sich auch Bräuche, Machtverhältnisse und das Leben. König und Königin regierten die Stadt bzw. das Land gemeinsam, später herrschte nur noch der König. Zu der Zeit, da König Minos und Königin Pasiphae (die *Kuhgesichtige*, wie Homer sie nennt) herrschen, gibt es nicht nur Göttinnen, sondern bereits Götter. Die Heilige Hochzeit feierte die Königin, die die Göttin symbolisiert, mit einem Mann / einem Priester ihrer Wahl.

Königin *Pasiphae* und König *Minos* waren Eltern mehrerer Kinder, u. a. von Ariadne und Phaedra. Und von Minotaurus, den die Griechen als ein Wesen beschrieben, das halb Stier und halb Mensch war.[4] Das Königspaar verfügt über eine starke Flotte und betreibt regen Handel. So ist es auch in Kontakt mit Athen. Als ihr Sohn Androgeos dort bei einem Stierkampf ums Leben kommt, muß dies gesühnt werden. So kommt es zwischen dem kretischen Herrscher und Athens König Aigeus zu einer Vereinbarung, in der sich Athen verpflichtet, alle neun Jahre sieben junge Mädchen und sieben junge Burschen nach Kreta zu schicken. (Alle neun Jahre stimmt der Sonnen- und der Mondkalender überein. Somit ist ein Bezug zu einem religiösen Feiertag auf Kreta gegeben.)

Die Wahl, wer von den Jugendlichen wegfahren muß, wird immer mit Los entschieden. Unter den Betroffenen und ihren Eltern macht das aus Abwehr, Angst oder politischem Kalkül ins Leben gerufene Gerücht die Runde, auf Kreta gebe es ein Ungeheuer, halb Stier, halb Mensch, das Minotaurus heiße und die Athener Mädchen und

Dieses römische Mosaik zeigt nicht nur ein Labyrinth und den Kampf des Theseus mit dem Minotaurus im Zentrum, sondern auch weitere Szenen aus dem Mythos, wie er damals erzählt wurde: Rechts erhält Theseus von Ariadne den Faden, oben die beiden auf der Flucht aus Kreta, links die verlassen auf Naxos sitzende Ariadne.

Das hervorragend erhaltene Mosaik aus einer großen römischen Villa, die bei Salzburg gefunden wurde, befindet sich heute im Wiener Kunsthistorischen Museum.

Burschen auffresse. Aristoteles hingegen berichtet, daß die Jugendlichen auf Kreta nicht getötet, sondern als Sklaven gehalten wurden. Theseus, ein Sohn des Athener Königs Aigeus, war fern seiner Heimatstadt aufgewachsen und zurückgekehrt, um seinen Vater kennenzulernen. Nun will er ihm imponieren und meldet sich freiwillig, mit den ausgelosten Knaben und Mädchen nach Kreta zu fahren. Er will König Minos besiegen, indem er Minotaurus, das Ungeheuer besiegt.[5]

Als Theseus auf Kreta landet, verliebt sich, so heißt es im Mythos, Prinzessin Ariadne (sie ist hier keine Göttin mehr) in ihn und will ihm helfen. Minotaurus war Ariadnes Halbbruder, wenn er der Sohn ist, den ihre Mutter nach der Heiligen Hochzeit zur Welt gebracht hatte. Wie anzunehmen ist, waren Kuh und Stier ja symbolisch gedacht und nicht reale Tiere. Da der Name Minotaurus übersetzt „Stier des Königs Minos" heißt, könnte es auch sein, daß der wunderschöne weiße Stier des Königs gemeint war, ein lebendiges Machtsymbol offenbar, das der König gemäß einer anderen Geschichte dem Gott Poseidon versprochen hatte und als Opfergabe hätte töten sollen. König Minos – glaubt er nicht an die neuen griechischen Götter? – hält sein Versprechen aber nicht und behält den Stier. Was oder wer war Minotaurus also wirklich? Wir wissen es nicht.

Es könnte auch so gewesen sein, daß Ariadne die Zeit für gekommen hält, dem Sühneopfer der Athener ein Ende zu bereiten. Aus welcher Motivation auch immer, durch sie wendet sich der Lauf der Dinge. Und jetzt kommt das „Labyrinth", in dessen Mitte sich Minotaurus befindet, in die Geschichte. Ariadne entschließt sich nämlich, Theseus einen roten Faden zu geben, der ihn durch das „Labyrinth" zu Minotaurus führt. Spätere Schriftsteller behaupten, ein gewisser Daidalos hätte diesen Faden wie auch das Labyrinth erfunden – ich betrachte diese Ergänzung als Herabwürdigung der Leistung von Frauen.

War dieses „Labyrinth" ein verwinkeltes Gebäude mit unübersichtlichen Gängen und Sackgassen, ein Irrgarten eben, dann hilft auch kein Faden, den Weg hineinzufinden, wohl aber hinaus. Handelte es sich um ein Labyrinth, dann bedarf es keines Fadens, den Weg ins Zentrum und wieder hinaus zu finden. Wofür also steht das Labyrinth? Wofür steht der Faden?[6]

Doch folgen wir weiter dem Lauf der Geschichte, wie ich sie verstehe. Theseus macht sich auf den Weg zu Minotaurus. Wer den Kampf gewinnen wird, ist offen. Damit ist auch offen, welche Religion gewinnen wird: die der KreterInnen, deren mächtigster Gott eine Göttin ist und den Frauen gleiche Rechte wie den Männern zugesteht, oder die der Athener, die viele männliche Götter verehren und

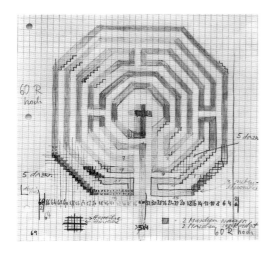

Labyrinth und Ariadnefaden einmal anders: Strickmuster von Christa Moises für einen Pullover und das ausgeführte Modell

den Frauen die Eigenmächtigkeit genommen haben? Wird in Theseus Einsicht oder Unverständnis und Angst vor dem Fremden siegen? Ein wirklich spannender historischer Augenblick.

Der Kampf findet statt. Theseus gewinnt. Er tötet Minotaurus. Hat er nicht indirekt damit auch die Göttin getötet?

Geheim und in der Nacht segeln Theseus und Ariadne ab, nachdem sie alle kretischen Schiffe zerstört hatten. Auf ihrer Flucht sollte sie niemand einholen können. Warum Ariadne auf der Insel Naxos, einer Zwischenstation nach Athen, zurückbleibt, ist nicht sicher. Tut es ihr leid, ihrer Kultur, ihrer Familie den Rücken gekehrt zu haben? Bereut sie ihren Verrat? Ist sie Theseus' überdrüssig geworden? Oder ist es umgekehrt und Theseus der Untreue. Sicher ist, daß Theseus ohne sie lossegelt. Als er sich Athen nähert, hißt er, wir wissen wieder nicht warum, nicht – wie für eine siegreiche Heimkehr vereinbart – das weiße Segel, sondern läßt das schwarze Segel am Mast. Als dies sein Vater sieht, stürzt sich dieser vor Gram ins Meer, weshalb das Ägäische Meer seinen Namen trägt.

Laut Plutarch schließt Ariadne, nach Kreta zurückgekehrt und Königin geworden, Frieden mit Theseus.[7] Die Geiseln schickt sie heim. Eine andere Variante berichtet, statt Ariadne sei deren Schwester Phaedra mit Theseus nach Athen gesegelt. Dort heiraten die beiden, und sie bringt Hippolytos zur Welt. In einer weiteren Variante heiratet Ariadne Gott *Dionysos* und wird Anführerin der dionysischen Frauen.

Es könnte zwischen Dionysos und Minotaurus eine Verbindung bestehen, denn Dionysos scheint ursprünglich kein griechischer Gott gewesen zu sein, sondern von Kreta seinen Weg nach Attika gefunden zu haben. Vielleicht hatten beide eine Funktion im Kult der Göttin?

Als Ariadne stirbt, setzt Dionysos ihre Krone an den Himmel. Heute wird das Sternbild, das aus sieben kleinen Sternen besteht, *Corona Borealis* genannt, das im Sommer gut am Himmel zu sehen ist. Bei den Indianervölkern Nordamerikas wird dieses Sternbild *Spinne* genannt. Spinnen spinnen ihre Fäden zu einem Netz. Göttinnen spinnen die Fäden der Menschenschicksale. Spinnen und Fäden sind archaische Motive. Im frühen Griechenland war ein Gewebe das wertvollste Gastgeschenk und ein Ausdruck von Macht.

In vielen Kulturen, und so auch in der europäischen, steht das Sym-

Das Sternzeichen der Krone (hier auf einer Schautafel der Labyrinth-Ausstellung in St. Pölten 1999) erinnert an Ariadne, die einer Version des Mythos zufolge nach ihrem Abenteuer mit Theseus doch noch Königin von Kreta wurde.

bol der Spindel bzw. des Fadens in Zusammenhang mit dem Schicksal. Das Spinnen des Fadens weist Ähnlichkeiten mit den sichtbaren Bewegungen des um den Polarstern kreisenden Sternenhimmels auf. Die Spinnerin wurde daher mit dem Himmel, den Jahreszeiten und der Zeit in Verbindung gebracht.

In Nordeuropa waren vor der Christianisierung ganz andere Sternbilder bekannt als heute (die auf griechische und islamische Quellen zurückgehen). Das heutige Sternbild Orion wurde früher „Friggs Spinnrocken" und der Polarstern „Gottesnagel" oder „Spindel" genannt.

Das Spinnen ist eine Tätigkeit, bei der genau und anschaulich das Verstreichen der Zeit in Korrelation steht mit der Menge des produzierten Materials. So wurde der Spinnfaden zum Symbol des Zeitfadens. Die griechischen Schicksalsgöttinnen Klotho, Lachesis und Atropos (vgl. die drei Nornen Urd, Werdandi und Skuld) sitzen im Mittelpunkt der Welt und spinnen die Schicksalsfäden der Menschen.[8] Das Durchtrennen der Nabelschnur erfolgt am Beginn des irdischen Lebens. Mit dem Durchtrennen der Schicksalsfäden schneiden die Göttinnen den Faden und damit das Leben eines Menschen ab und schenken den Tod.

Heute symbolisiert der Ariadne-Faden u. a. Liebe, Vertrauen, Erkenntnis. Hier eine Installation mit Ariadnefaden von Marianne Ewaldt.

So kann der Ariadnefaden für die Liebe stehen, er ist auch ein Bild für Vertrauen, Wissen, einen Erkenntnisprozeß bzw. die Entwicklung und Freiheit. Aber vielleicht bedeutet der rote Ariadne-Faden etwas ganz anderes?

LITERATUR UND ANMERKUNGEN:

Göttner-Abendroth Heide, Für Brigida – Göttin der Inspiration, Frankfurt 1999
Komlosy Andrea (Hrg.), Spinnen – Spulen – Weben. Leben und arbeiten im Waldviertel und anderen ländlichen Textilregionen, Krems/Horn 1991
Hutzl-Ronge Barbara, Feuergöttinnen, Sonnenheilige, Lichtfrauen, München 2000
Larrington Carolyne (Hrg.), Die mythische Frau, Wien 1997
LebensMuster. Textilien in Indonesien, Katalog, Museum für Völkerkunde in Wien, 1996
Martens Ekkehard, Der Faden der Ariadne, Stuttgart 1991
Monaghan Patricia, Lexikon der Göttinnen, Bern 1997
Nagele-König Andrea, Ariadne und Dionysos, Versuch einer Diskontinuität des Vernünftigen, Diss. Wien 1991
Riebe Brigitte, Im Palast der blauen Delphine, München 1994
Schrott Raoul, Gilgamesch, München 2001
Schäfer Irmtraud, in: Leidenschaft und Rituale (Hrg.: Helga Egner), Bonn 1997
Stone Merlin, Als Gott eine Frau war, München 1976 und 1988

Wagner-Hasel Beate, Der Faden der Ariadne und die Waffen der Amazonen, Basel 1987

Wagner-Hasel Beate, Matriarchatstheorien der Altertumswissenschaft, in: Wege der Forschung, Bd. 651, Wiss. Buchgesellschaft Darmstadt 1992

Zingsem Vera, Der Himmel ist mein, die Erde ist mein – Göttinnen großer Kulturen im Wandel der Zeit, Tübingen 1995

Anmerkungen:

[1] Aspekte des Ariadne-Mythos finden sich in jüngeren Mythen vorwiegend in Skandinavien und Indien. Siehe dazu: John Kraft, Die Göttin im Labyrinth, Bern 1997, sowie Helmut Jaskolski, Das Labyrinth, Stuttgart 1994.

[2] Die meisten AutorInnen verwenden die Bezeichnung *kretisches bzw. klassisches Labyrinth*, wenn sie von dem siebengängigen schreiben. Kreta oder Griechenland als Heimat des Labyrinths nachzuweisen ist aber nicht gelungen. Der Ursprung des Labyrinths scheint im syrischen Raum zu liegen, und aus diesem Grund ist es korrekter, vom Ur-Typ des Labyrinths bzw. vom Ur-Labyrinth zu sprechen. Siehe auch S. 14 ff.

[3] Die Erkenntnis, daß das Wort Gottes in Form des Alten Testamentes in Teilen eine Abschrift eines mesopotamischen Textes ist, ist den Forschungen von Friedrich Delitzsch zu verdanken. Es ist vor allem auch eine antisemitische Einstellung, die immer noch nicht wahr haben will, daß auch die griechische Kultur im Vorderen Orient wurzelt (vgl. Martin Bernal, Die schwarze Athene).

[4] Bemerkenswert vom heutigen systemischen Standpunkt aus ist ja die Familiengeschichte: Europa wird von Zeus in Gestalt eines weißen Stiers nach Kreta entführt und von ihm in Adlergestalt geschwängert, wohl mehr gewalttätig als freiwillig. Sie gebar drei Kinder: Rhadamanthys, Sarpedon und Minos. Europa heiratet Asterios, den kretischen König, der alle drei Kinder adoptiert. Minos folgt Asterios auf dem Thron nach. Pasiphae soll die Tochter des Gottes Helios sein, ursprünglich eine Mondgöttin mit den steigenden Hörnern des Mondes geschmückt, mit der Kuh in Verbindung gebracht. Minos greift König Nisus an, dessen Tochter Scylla sich in Minos verliebt – den Feind ihres Vaters und ihrer Heimat. Sie enthauptet ihren Vater und bringt dessen Kopf Minos dar. Doch Minos ist entsetzt, greift die Stadt siegreich an und segelt wieder davon. Scylla zürnt ihm, da er ja nur mit ihrer Hilfe gesiegt hatte. Sie will Minos nach, doch das verhindert ihr Vater in Vogelgestalt. – Minos erfährt durch seine Tochter Ariadne eine ähnliche Situation. Die Tochter verrät ihren Vater und ihr Volk, und der Sieger verschmäht die Helferin.

[5] Ich sehe einen Zusammenhang zwischen Theseus und Alexander und zwar darin, daß beide symbolisch für die Wende einer Weltanschauung stehen. Alexander der Große löst nicht das Rätsel des Gordischen Knotens, in dem Weisheit liegt, er durchtrennt ihn mit seinem Schwert. Die Metapher des Kampfes macht der Sprache des Rätsels und der Weisheit Platz.

[6] Interessant ist auch der Aspekt, daß ein Labyrinth trotz seiner logischen Struktur, ohne Möglichkeit des Verirrens, von außen ja wie ein gefährlicher Irrgarten wirken kann und deshalb die Verwechslung und Begriffsverwirrung verständlich wird. Außerdem hat vor allem Hermann Kern darauf hingewiesen, daß Theseus' Gang durch das Labyrinth und sein Kampf mit Minotaurus auch ein kultischer Tanz gewesen sein könnten. Die Bedeutung des Labyrinths als Tanzplatz für kultische Reigen, für Kern eine der wahrscheinlichsten Ursprungsthesen, die er mit vielen Belegen aus Literatur (Homer) und Archäologie stützen kann, spräche für diese Interpretation. Daß bei solchen Tänzen ein Faden (Band) durchaus eine Rolle gespielt und im Zentrum ein (echter oder symbolischer) Kampf mit einem eine Stiermaske tragenden Mann stattgefunden haben kann, leuchtet ein.

[7] Ob Theseus eine historische Person ist, ist umstritten, er wird erst 264 v. u. Z. als 10. attischer König aufgelistet, der um 1259 v. u. Z. gelebt haben soll.

[8] In Zusammenhang damit steht auch die mittelalterliche Schnur-Magie. In Italien war es Frauen bei Strafe untersagt, spinnend durch die Straßen zu gehen, weil ihre Kräfte als zu gefährlich galten.

Henning Eichberg

Die Stadt als Labyrinth
Bewegung und Identität, Geschlecht und Angst

Wir betreten das Labyrinth durch seinen Eingang. Es gibt nur einen Eingang. Wir folgen dem Pfad, dem Mittelpunkt entgegen, und schwingen links herum, rechts herum, in rhythmischem Wechsel. Es gibt nur einen Weg.

Vielleicht haben wir etwas anderes erwartet, Situationen der Wahl, wo wir uns zwischen rechts und links entscheiden müssen. Aber es gibt keine Wahl. Es gibt keine Verzweigungen und keine Sackgassen.

Dennoch werden wir verwirrt. Während wir ins Innere streben, scheint der Weg uns wieder nach draußen zu führen. Wir haben die Situation nicht unter Kontrolle, es gibt keinen Überblick – wo bin ich? Wegen des Mangels an visueller Kontrolle mag der Weg uns als eng erscheinen. Ein Anflug von Klaustrophobie stellt sich ein. Wir sind dazwischen – wir sind nicht frei.

Schließlich haben wir das Zentrum doch erreicht, beinahe. Aber der Weg führt daran vorbei und wieder in eine andere Richtung. Haben wir etwa einen Fehler gemacht? Aber es gibt doch keine Gelegenheit, hier falsch zu wählen…

Und dann, plötzlich, finden wir uns dennoch im Mittelpunkt wieder. Was nun? In der Mitte des Labyrinths ist nichts. Das einzige, was uns bleibt, wenn wir nicht auf ewig hier verharren wollen, ist sich umzuwenden und das Labyrinth wieder zu verlassen.

Nun wissen wir jedenfalls aus unserer eigenen körperlichen Erfahrung, daß der Weg möglich ist. Wir haben es selbst probiert. Und doch haben wir den Raum nicht „erobert". Es fehlt etwas zu unserer Gewissheit. Wir ermangeln weiterhin des Überblicks. Vom Zentrum her ist das Labyrinth ebenso unüberschaubar wie von außen.

Schließlich sind wir den ganzen Weg zum Eingang zurückgekehrt und blicken auf die Windungen des Labyrinths zurück. Sind wir froh, wieder draußen zu sein? Glücklich über die neue Freiheit? Oder haben wir den Wunsch, zurückzukehren und uns erneut auf die Suche nach dem Geheimnis zu machen?

Das alte Labyrinth (Trojaburg) von Visby auf Gotland

Im Labyrinth ist etwas geschehen, zweifellos. Was aber haben wir gefunden? Vielleicht sollten wir es doch noch einmal versuchen … und wieder … und abermals …

Das Labyrinth verwirrt die LabyrinthgängerInnen ebenso wie die analytischen BetrachterInnen. Wo ist sein Geheimnis? In der Forschungsliteratur hat sich die Suche zumeist übersetzt in die Frage nach der symbolischen Bedeutung des labyrinthischen Musters. Weltweit wächst die Literatur zu Fragen der Labyrinthsymbolik, ausgespannt zwischen dem Eifer der SammlerInnen, tiefergehenden Forschungen archäologischer, kunstgeschichtlicher und anthropologischer Art und hochspekulativen Studien mit weltanschaulichen und spirituellen Untertönen. Die symbolische Bedeutung des Labyrinths und seine antiken Ursprünge sollen hier jedoch am Rande bleiben, sie werden an anderer Stelle dieses Buches behandelt.

Das Labyrinth ist aber auch ein Phänomen der modernen städtischen Welt, und in diesem Zusammenhang erheben sich Fragen aktueller gesellschaftlicher Praxis – Fragen von Bewegung und Identität, Geschlecht und Angst. Das soll in diesem Beitrag das Thema sein.

Kulturzusammenstoss als Ressource

Wenn wir uns analytisch der Bewegungskultur in der modernen Stadt nähern, stoßen wir auf ein Paradox. Städtische Bewegung, das ist der Sport – so mag der unmittelbar naheliegende Schluß lauten. In der Tat, Sport ist eine spezifisch moderne Bewegungsform und entstand in der Stadt der industriellen Epoche. Über die eigentliche Urbanität des Sports wissen wir jedoch nur wenig, und erst in den letzten Jahren hat man überhaupt begonnen danach zu fragen. Sport entfaltet sich nicht in einem abstrakten, homogenen Raum, sondern in sozial-körperlichen Landschaften, die ihre eigenen Bewegungsmuster hervorbringen. Und dort kommt es auch zu Zusammenstößen. So stößt in Dänemark der „*folkelige*" Sport, der vom Lande kam und historisch aus der bäuerlichen Gymnastikbewegung hervorging, auf den Wettkampfsport der Fachverbände, der sich von bürgerlich-städtischen Voraussetzungen her entwickelte. Spiel, Fest, Brauchtum und Vereinsleben auf dem Lande stehen der olympischen Konkurrenz und Resultatproduktion in der Stadt gegenüber. Aber damit geht die Rechnung noch nicht ganz auf.
Ist die Aufmerksamkeit für die Stadt-Land-Frage erst einmal geweckt, so stellt sich ein Methodenproblem. Wie erfassen wir das strukturell Urbane von Sport und Bewegung?
Dazu bieten sich zunächst klassisch szientistische Verfahren an. Wir können z. B. die Sporträume durch eine Karte erfassen, also stadtgeographisch. Von der kartierbaren räumlichen Plazierung des Sports in der Stadt her sieht es zunächst so aus, als sei die Urbanität des Sports nicht so schwer zu verstehen. Hier liegen Wohnviertel, dort die Fabriken, dort die Geschäftsbereiche, zwischen diesen funktionalen Zonen verlaufen die Verkehrskorridore, und dann sind da die Flächen für Sport und Freizeit. Aber bei näherer Betrachtung fügt sich das Sporttreiben als Bewegung in übergreifende urbane Rahmenbedingungen. Die Stadt ist insgesamt eine Bewegungslandschaft. Deren Bewegungsleben ist nicht so einfach zu verkarten und macht einen umfassenderen Blick notwendig.
Eine andere klassische Methode ist die Befragung der Bevölkerung.

Treiben Sie Sport – ja/nein – wenn ja, welchen? Das führt auf der organisatorischen Ebene in der Tat zu charakteristischen Ungleichgewichten zwischen Stadt und Land. In Dänemark zeigt sich eine deutliche kulturgeographische Differenzierung. Auf dem Lande und in den Provinzstädten hat der Vereinssport ohne Wettkampforientierung seinen Schwerpunkt. In den Vorstädten dominiert der Wettkampfsport. Und im Inneren der Großstädte ist der unorganisierte Sport besonders verbreitet. Damit wird fraglich, ob das Stadt-Land-Gefälle tatsächlich, wie bisweilen angenommen, einem Prozeß der Nivellierung unterliege, obwohl doch die Medienentwicklung die Stadt-Land-Differenzierung im praktischen Alltag obsolet macht. In mancher Beziehung driften die Bereiche jedoch eher auseinander. Skepsis ist angebracht gegenüber dem Dualismus, wie er im Begriff „Stadt-Land-Gefälle" enthalten ist; statt dessen haben wir mit einer größeren Vielfalt von Lebensstilen zu rechnen.

Was die Bewegungsweisen selbst betrifft, so treten diese bei den Methoden des statistischen Befragens zunächst in Gestalt der Sportarten hervor. Die Besonderheiten des Urbanen zeigen sich also als Gewichtung innerhalb eines relativ abstrakten Schemas, wie es durch die organisierten oder sonstwie standardisierten Sportarten vorgegeben ist: Fußball, Schwimmen, Badminton… Über die strukturelle Urbanität der Bewegung ist damit noch wenig gesagt.

Hier mögen unklassische Formen der Wissensproduktion weiterführen. Introspektion im Sinne der Psychologie heißt, daß die ForscherInnen sich selbst als Wissensressource nutzen, durch narrative Erlebnisanalyse und szenische Beschreibung. Um die Subjektivität und damit Inselhaftigkeit des introspektiven szenischen Beschreibens zu überwinden, sind jedoch intersubjektive, dialogische Forschungsverfahren angebracht – ForscherInnen können nicht nur sich selbst, sondern auch einander als Ressource nutzen.

Insbesondere wenn solcher Austausch über Kultur- und Sprachgrenzen hinwegschreitet, sind die Prozesse der Bildentstehung aufschlußreich. Sprachliche Kategorien beziehen sich auf Bilder – ein unmetaphorisches Sprechen gibt es nicht. „Die Stadt" ist mit mythischen Bildern besetzt, ebenso „der Sport" und „die Bewegung". Sprache tritt als aktive Teilnehmerin im Spiel der Wissensproduktion hervor. Wissen ist poetische Konstruktion.

Wie auch immer die Bewegungslandschaft der Stadt beschrieben wird – als linearer gegenüber dem ländlich-zyklischen Rhythmus, als Nervositäts- oder Streßlandschaft, als Archipel funktionaler Parzellen oder als inselartige Szenen –, die Annäherungen machen auf eine markante Begrenzung bisheriger Stadtforschung aufmerksam. Das Phänomen Stadt wurde bislang entweder als eine *Siedlungsform* angegangen oder aber – und das ist eine eher neue Betrachtungsweise – als eine *soziale Struktur*. Zwischen den beiden Perspektiven mögen sich bisweilen Spannungsverhältnisse ergeben, aber beide beschreiben Zutreffendes. Dennoch sind sie nicht ausreichend.

Die Stadt als *Bewegungslandschaft* ist ein Drittes. In welchen Kategorien läßt sie sich erfassen?

DAS LABYRINTH ALS HISTORISCH-POETISCHES BILD

Die Stadt wird oft als ein „Dschungel", eine „Steinwüste", ein „Labyrinth" bezeichnet. Die sprachlichen Metaphern verweisen auf Bewegungsmuster. Durch die Straßen der Stadt sucht man seinen Weg wie durch die unübersichtlichen Gänge des Labyrinths. Wo bin ich? Wohin wende ich mich als nächstes? Wo kam ich her? Man treibt orientierungslos umher wie in der Wüste. Der Blick ist uns versperrt – aber Bewegung ist möglich.

Das Bild von der Stadt als Labyrinth, dem wir im folgenden nachgehen wollen, hat sich seit mindestens 200 Jahren in der Literatur verbreitet. Es ist mehr als ein luftiges Sprachsymbol. Als historisch-poetisches Bild hat es seine Wurzeln in der Bewegungskultur.

Auf der etruskischen Weinkanne von Tragliatella, einem Tongefäß aus der Zeit um 620 v. u. Z., ist ein Labyrinth zu sehen. Es besteht aus sieben Umgängen und trägt die Aufschrift „*truia*". Das etruskische Wort *truia* kann man philologisch verbinden mit dem lateinischen Verb *antruare* oder *amptruare*, springen oder tanzen.

In dieser Tradition steht das römische *ludus troiae,* das Trojaspiel. Es wurde zuerst unter Sulla (81 v. u. Z.) und dann unter den Kaisern Caesar, Augustus, Tiberius und Caligula bis zu Claudius im Jahre 47 veranstaltet. Vergil beschrieb es in seiner *Aeneis* ausführlich als ein labyrinthisches Reiterspiel junger Männer. Daß er es mit der mythischen Herkunft der Römer aus Troja in Verbindung brachte, war ein Stück kaiserlicher Propaganda.

Der antike Labyrinthmythos existiert in verschiedenen Varianten. Immer erzählt er von menschlicher Bewegung, doch von unterschiedlicher Art. Er handelt von Tanz, Kampf, Reiten und Springen, von Such- und Drehbewegung.

Außerdem enthält der Labyrinthmythos eine Geschlechterproblematik. Der Gefängnismythos erzählt von Minos, Minotauros, Daidalos und Theseus, der Tanzmythos hingegen von Ariadne. Der König, der Stier-Sohn, der Ingenieur und der Held stehen dem Mädchen gegenüber. Die Macht, der Schrecken, die Technik und der Kampf – dem Tanz. Das Ungleichgewicht ist nicht zu übersehen (siehe auch Duerr 1990, 147–174).

Stadtbewegung und labyrinthisches Wandern

Wie die labyrinthische Bewegung selbst ist der Mythos offen für zahlreiche, auch widersprüchliche Deutungen. Einige dieser Deutungen beziehen sich auf die Stadt.

Seitens der Stadtarchitektur hat man die Aufmerksamkeit auf „das Labyrinthische" als eine Grundform menschlicher Bauformen gerichtet (Pieper 1987). Das Labyrinth, von dem der klassische Mythos erzählt, hatte dieser Hypothese zufolge seinen Ursprung um 1400 v. u. Z., als stadtlose, agrarische und nomadisierende Stämme der griechischen Halbinsel auf die kretisch-minoische Kultur stießen, die sich um die steinerne Stadt Knossos herum herausgebildet hatte. Dieser Zusammenstoß von Kulturen löste bei den Nomaden gleichzeitig Schrecken und Faszination aus. Aber es ging bei alledem nicht nur um einen neuen Anblick, nicht nur um die „Stadt im Auge". Es war eine neue Bewegungsweise, die die Stadt den Menschen aufnötigte – oder aus der sie hervorwuchs.

Die Stadt begründet eine ganz bestimmte Bewegungsform, sie unterscheidet sich von der Bewegung auf dem Lande. Das Labyrinth liefert ein Bild für dieses körperliche Verhältnis. Labyrinthische Bewegung beschreibt die Weise, in der Stadtbewohner sich ihre Umwelt aneignen.

Architekturhistorisch kann man das Labyrinthische und die Stadtstruktur auf bestimmte Prozessionsformen beziehen. Prozessionen spielten für die historische Herausbildung der Stadt und ihre Bau- und Bewegungsgeschichte eine wichtige Rolle. Das mittelalterliche Leben war von Prozessionen durchzogen, und ganze Städte wurden als Abfolge von Pilgerstationen strukturiert. Aus Indien sind spezielle Prozessionsstädte bekannt, die ganz auf die Bewegungsmuster des rituellen Umgangs ausgerichtet sind. Der Zusammenhang von Stadt und Prozession ist jedoch nicht nur in früheren Zeiten gegeben. Als man zu Beginn der 1980er Jahre daranging, im Stadtkarneval das Innere der Stadt Kopenhagen zu besetzen, bildeten die Tanzgruppen und ihre Umzüge, die in alle möglichen Richtungen hin und durcheinander wimmelten, unüberschaubare labyrinthische Muster. Damit unterschieden sie sich von den Paraden, zu denen der etablierte Karneval anderenorts geworden ist – dort ahmt er persiflierend Formen militärischer Machtdemonstration nach oder wird zur übersichtlichen Show von Reklamepräsentationen.

Prozession und Karneval bilden jedoch nur Höhepunkte im Stadtleben, das auch in seiner Alltäglichkeit aus zirkulierenden und labyrinthischen Formen des Umherziehens besteht. FlaneurInnen lassen sich treiben, TouristInnen suchen ihren Weg, Einkaufende bummeln, und Jugendliche trödeln in Gruppen herum, StadtstreicherInnen vagabundieren, und JoggerInnen ziehen ihre Kreise.

Die nomadische Bewegung der Menschen kann auch vom anthropologischen Standpunkt gesehen werden: Der Mensch ist ein Wanderer (Chatwin 1988). Das ist eine sinnvolle Kontrasthypothese zum üblichen Stereotyp, wonach die „natürliche" Entwicklung notwendig hin zum seßhaften Leben führe, zu Stadt und Staat. So eindimensional verläuft die Geschichte nicht. Allerdings erwachsen aus der Hypothese vom basalen Nomadentum zugleich auch neue Verständnisprobleme. In diesem Rahmen erscheint das Labyrinth nämlich als eine Konfiguration nomadischer Wanderbewegung und beschreibt z. B. die *Songlines*, die gesungenen Wege der australischen Aborigines – im Kontrast zur Pyramide, zur versteinerten seßhafter Macht. Das widerspricht der genannten architektonischen Deutung des Labyrinths als Ausdruck von Steinstadt und Königsmacht in Knossos.

POLIS, THING UND LABYRINTH

Auch aus nordeuropäischer Sicht ist die Beziehung zwischen Labyrinth und Stadt nicht so einfach, wie die Architekturtheorie es annimmt. Zunächst erinnert die Begegnung der stadtlosen Griechen mit dem Steinmeer Knossos in der Tat an das Bild Roms in den Imaginationen der dänischen Nationalromantik. Gegen das imperiale Rom entwickelte der Kulturphilosoph N. F. S. Grundtvig im 19. Jahrhundert eine sogenannte „*folkelige*" Kulturkritik, in der sich Abwehr und Faszination mischten. Daran knüpfte die anarchistische Kulturkritik des 20. Jahrhunderts an. Der Maler Asger Jorn (1964) setzte in seinem Buch „*Thing und Polis*" zwei Konfigurationen scharf gegeneinander, als historische Erfahrungen und zugleich als Ausgangspunkte zweier unterschiedlicher Auffassungen von Demokratie. Die Polis stand für das Modell der Bürgerpolitik; sie entstand historisch aus der Kombination von Burg bzw. Befestigung, stadtbürgerlicher Klassengesellschaft und Sklavenökonomie. Der Thing stand für die Selbstverwaltung ländlicher Sippen, für die Dorfdemokratie, und der Bauer erschien als Joker zwischen urbaner Bourgeoisie und Proletariat.

Insofern gibt es den Widerspruch zwischen Land (Thing) und Stadt (Polis), aber er fällt in Nordeuropa gerade nicht zusammen mit dem Gegensatz zwischen stadtloser Agrargesellschaft und Labyrinthkultur. Das Labyrinth liegt hier nämlich keineswegs außerhalb der eigenen Kultur, wie Rom für Skandinavien und Knossos für die griechischen Stämme. Der städtelose alte Norden hat vielmehr selbst eine der klassischen Labyrinthkulturen der Welt hervorgebracht.

In Skandinavien ist das Labyrinth seit wenigstens einem Jahrtausend als Zirkulations- und Tanzform belegt und ein Teil volkstümlicher Bewegungskultur. Das Labyrinth des Nordens bildet ein schnecken- oder spiralähnliches Muster und besteht aus einem einzigen Weg, der in verschlungenen Formen vom Eingang zum Mittelpunkt führt. Die Form kann variieren, besteht jedoch zumeist aus sieben oder elf Umgängen, die zusammen eine nierenähnliche Gestalt ergeben. Normalerweise ist das Labyrinth auf dem Boden markiert, in der Regel als Steinsetzung.

Mehr als 500 solcher Steinlabyrinthe lagen und liegen zum Teil noch heute – insbesondere an den Küsten – in den nördlichen Ländern, von Nordrußland und den baltischen Ländern über Skandinavien bis hin zu den Britischen Inseln (Knudsen 1948). Die labyrinthischen Steinsetzungen sind unter den Namen *Trøjborg* (Trojaburg), *Trelleborg* (Dreh-, Drill- oder Treidelburg), *Vølundshus* (Wielands Haus), *Dansesten* (Tanzstein) und *Jungfrudans* (Jungfrauentanz) bekannt. Sie werden teilweise bis in die frühe Eisenzeit oder gar bis in die Bronzezeit zurückdatiert.

Der Labyrinthname *Trelleborg* ist der älteste. Er ist im Jahr 1016 zuerst im normannischen Frankreich belegt (*Tralicburc*, später Taille-

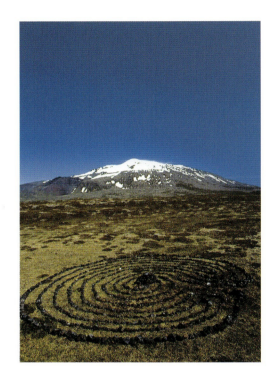

Ältere Stein- und Erdlabyrinthe sind in ganz Nordeuropa (hier auf Island) verbreitet.

Im Labyrinth mit Bändern zu tanzen, ist heute in den skandinavischen Ländern vielerorts noch lebendiger Brauch.

bourg), führt aber vielleicht auf dänische Trelleburgen des 10. Jahrhunderts zurück. Linguistisch ist *Trelle-* mit englisch *trail* verbunden – Pfad, Spur, Fährte, ziehen – und im Deutschen mit *treilen* oder *treideln* – schleppen, ziehen. Das frühneuhochdeutsche *trödeln* ist möglicherweise eine gerundete Nebenform und betont eine gewisse Langsamkeit der Bewegung. Es gibt auch eine sprachliche Verwandtschaft mit englisch *to throw* und *to drill*, mit deutsch *drehen*, *drillen* und *Drall* sowie mit dänisch *dreje* (drehen) und *drille* (foppen). Alle sind von einer indogermanischen Wurzel *ter** abgeleitet. Trelle- beschreibt damit eine drehende, ziehende Bewegung, sei es beim Zeichnen (*to draw* – auf dem Erdboden) oder als Gangbewegung durch die labyrinthische Choreographie hindurch. In jedem Fall handelt es sich um eine Körperbewegung, und das gilt ebenfalls für den im Norden ebenso verbreiteten Labyrinthnamen *Trøjborg* oder *Trojaborg*. Dieser Name ist seit 1307 zuerst in Schweden belegt (*Troyobodhe*, heute Tröjeborg) und hat nichts mit der Stadt Troja zu tun, sondern mit dem etruskisch-römischen *truia* – springen oder tanzen.

Andere nordeuropäische Labyrinthnamen, wie der finnische „Jungfrauentanz", haben eher geschlechtsbezogene Konnotationen. Labyrinthe wurden mit Königin Christina, mit Frau Trolleborg oder Jungfrau Maria in Verbindung gebracht oder auch als Nonnenwall bezeichnet. Der älteste solcher Bezüge ist wohl der *Disensaal*, den Snorri Sturluson in seiner *Heimskringla*, dem norwegischen Königsbuch erwähnte. Der mythische König Adils wollte, so heißt es dort, den Disen opfern, den Göttinnen der Vorwikingerzeit. Er ritt dazu auf einem seiner schnellen Pferde in den Disensaal, aber dort zwischen den Steinen stolperte sein Roß. So stürzte Adils sich zu Tode. Ein Skaldenlied des 9. Jahrhunderts beschreibt diese Szene.

Als „Jungfrauentanz" erinnert das nordische Labyrinth aber wiederum an die geschlechtspolitischen Spannungsverhältnisse des kretischen Mythos.

LABYRINTHISCHES BEWEGUNGSSPIEL UND TRELLEBORG

Insbesondere aber war das Labyrinth eine Choreographie des Tanzes, sei es von Einzeltänzern oder in Ketten. Labyrinthische Kettentänze haben sich bis ins 20. Jahrhundert im baskischen Schneckentanz, in den Tänzen des bretonischen Nachtfests, *Fest noz*, und in den Kettentänzen der Färöer erhalten. Wo Jugendliche wie in England und Schweden das Labyrinth zu Flirtspielen nutzten, war ein erotisches Abenteuer mit im Spiel. Für Kinder war das Labyrinth eine Zeichenübung und – wahrscheinlich – ein Ausgangspunkt für Hinkespiele des Frühjahrs wie „Hinkeschnecke" und „Himmel und Hölle".

In den städtelosen oder stadtarmen Landstrichen Nordeuropas waren die Labyrinthe also keineswegs an die steinerne Stadt gebunden. Wohl aber gibt es einen gegenläufigen Zusammenhang, nämlich eine historische Linie vom Labyrinth hin zu bestimmten Typen von Burgen. Der Labyrinthname *Trelleborg* bezeichnet nämlich in Dänemark die eigentümlichen ringförmigen Burgen der Wikingerzeit – Trelleborg bei Slagelse, Fyrkat bei Hobro, Aggersborg am Limfjord und Nonnebakken in Odense.

Die Burgen des Trelleborg-Typs bestanden aus einem exakt kreisrunden Wall mit vier Toren und einer kreuzförmigen Weganlage im Inneren. Die Viertel innerhalb der Wälle waren in strikt geometrischer Weise mit Langhäusern für mehrere hundert Menschen bebaut. Die Trelleburgen hatten, wie ihr Name sagt, wahrscheinlich ihren Ursprung in Labyrinth-Tanzplätzen und wurden später, in den Jahren 980–1000, als Sakralburgen ausgebaut, als Stätten ritueller Feste. Das bestätigen neuere Ausgrabungen in *Trælbanken* und anderen vergleichbaren Rundburgen Nordfrieslands.

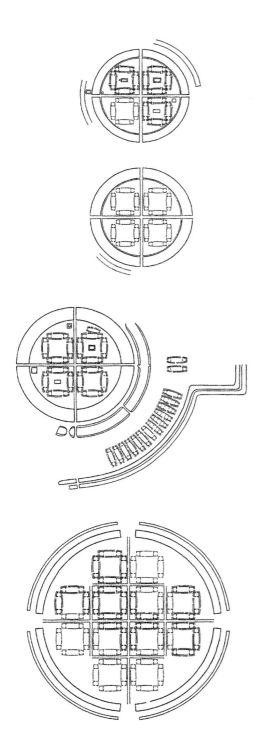

Die Grundrisse der vier dänischen Trelleburgen (nach Poul Nørlund): von oben Fyrkat, Nonnebakken, Trelleborg und Aggersborg

Das Labyrinth entzieht sich also bei genauerer – und vergleichender – Betrachtung den dualen Klassifizierungen wie Stadt versus Land, Polis – Thing, Steingefängnis – Nomadisieren. Die simple Hypothese vom Labyrinth als Abbild der steinernen Stadt läßt sich nicht halten – das Labyrinth ist zunächst Bewegung. Dennoch oder gerade darum, nämlich aufgrund seiner Verbindung von Bildhaftigkeit und Bewegungsbezug, ist das Labyrinth hilfreich und erhellend für eine nuanciertere Theoriebildung über Stadt und Bewegung.

Umgang – Irrgang: das Doppelte der Labyrinthbewegung

Nicht erst die Moderne hat die beiden Grundformen des Labyrinths verwechselt. Schon der klassische Knossos-Mythos handelte eigentlich von einem Irrgarten. Seitdem tauchte das Mißverständnis immer wieder auf – bis in unsere Tage, als Umberto Ecos Mittelalterkrimi „Der Name der Rose" (1980) ein Pseudolabyrinth voller Sackgassen beschrieb, aber mit dem Einweglabyrinth aus einer mittelalterlichen Kathedrale illustriert wurde.

Es ist besonders das Bewegungsmuster, das den Kontrast zwischen den beiden Formen deutlich macht. Die Bewegung im Labyrinth schwingt rhythmisch, sucht den Umweg, die Wende und die körperlich-sinnliche Herausforderung, ohne „richtige" oder „verkehrte" Lösungen anzubieten. Genau das ist hingegen die Pointe des Irrgartens, dessen Bewegung unregelmäßig von Kreuzung zu Kreuzung, von Entscheidungssituation zu Entscheidungssituation springt. Hier ist der Fluß stets gehemmt von Wahl und Zweifel: Habe ich mich nun für den richtigen oder den falschen Weg entschieden?

Den unterschiedlichen Bewegungsweisen entsprechen zwei unterschiedliche Psychologien. Der Irrgarten ist eine Landschaft der Angst. Sie fand ihren literarischen Ausdruck in Franz Kafkas Kurzgeschichte „Der Bau" (1923/24). Gaston Bachelard (1948) entwickelte auf dieser Grundlage eine „materialistische Psychoanalyse" der labyrinthischen Vorstellungen – eine Welt aus unterirdischen Anlagen und Tunneln, Grotten und Höhlen tat sich auf, Verlorensein, Klaustrophobie und Alptraum. Enge und Angst verweisen nicht nur sprachlich aufeinander. Außerdem verzeichnet die Mainstream-Psychologie unter dem Stichwort Labyrinth die Skinnerschen Irrgartenkonstruktionen für Rattenexperimente (Dorsch 1982, 396). Auch das ist eine Landschaft voll Streß. Das Umgangslabyrinth hingegen handelt von Erfahrung, Vertrauen und Rhythmus, vom Schwingen und Fließen.

Das Eigentümliche der urbanen Situation ist, daß in der städtischen Bewegungslandschaft die beiden ansonsten widersprüchlichen Bilder zusammenhängen. Für den Fremden, der von außen bzw. auf der Straße der Macht daherkommt, für die TouristInnen, den Eroberer, den Kolonialherrn, bilden die Straßen der Stadt einen verwirrenden Irrgarten. Für die EinwohnerInnen hingegen ist die Stadt ein vertrautes Labyrinth.

Die StadtbewohnerInnen haben es „im Körper", woher und wohin der Weg geht. Sie bewegen sich automatisch, ohne ständiges Nachdenken, ohne sich an jeder Straßenecke neu zu entscheiden. Es wird den Schwingungen und dem Fluß des Umgangslabyrinths gefolgt. Fremde hingegen gehen den Weg des Pseudolabyrinths, des *„maze"*. Sie gehen suchend, tastend und unsicher, fragen zur Sicherheit andere und sich selbst, immer orientiert an einem Ziel, das sie sich gesetzt haben. Sie zweifeln und können Angst verspüren, fehlzugehen und sich zu verirren. Hier ist die Gefängnis- und Angstgeschichte des alten Kreta wiederzuerkennen. Besonders herausfordernd ist die Situation für die Männer der Macht, denen die Kontrolle zu entgleiten droht. Der urbane Irrgarten bietet ein Bild der Bewegung in die Fremde, der Entfremdung.

Es geht um Außen- und Innensicht. Labyrinth und Irrgarten haben dabei ein Gemeinsames – die krumme Linie, das Unüberschaubare.

Die antilabyrinthische Geometrie der Macht

Die beiden Aspekte des Labyrinthischen befinden sich nicht im Gleichgewicht. Ihr Verhältnis ist Teil einer Machtgeschichte. Die Bewegungs- und Baustruktur einer Stadt gibt Auskunft darüber, wo die Macht sitzt. Die Macht, die von oben oder außen kommt, wird durch die Unübersichtlichkeit geängstigt und versucht, sich die Stadt neu zu schaffen – mit geraden Linien und rechten Winkeln, mit achsialem Überblick und geometrischer Ordnung. So entsteht die panoptische Stadt, wie man sie mit Michel Foucault (1977) nennen könnte. Die Strategie der Angst triumphiert über die anheimelnde Unübersichtlichkeit.

Die übersichtliche, antilabyrinthische Stadt erhielt ihre klassische Form in den „Idealstädten" der Renaissance. Das Projekt des Absolu-

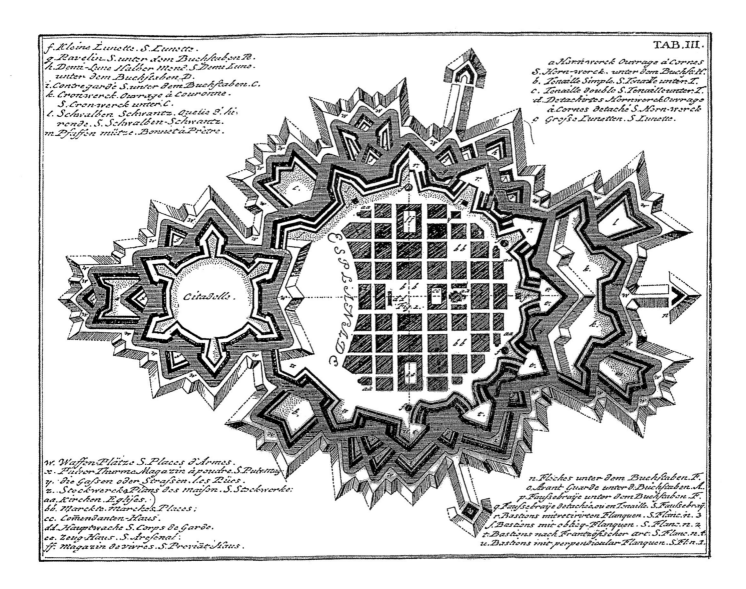

Barocke Idealstadt und -festung: aus dem 1735 in Dresden erschienenen „Kriegs-Ingenieur-Artillerie- und See-Lexikon" von Johann Rudolph Fäsch

tismus, das die soziale Welt vom „Auge des Königs" her konstruierte, wurde in den Stadtplan übersetzt mit dem bastionären Festungsring nach außen und der Zitadelle als Drohung nach innen. Die Zentralperspektive herrschte, und der Blick folgte den Schußlinien der Kanonen, die nach außen den Wall flankierten und nach innen die schachbrettartig oder radial angelegten Straßen bestreichen konnten. Reinlichkeit verband sich mit Aufruhrkontrolle.

Die panoptische Stadtplanung setzte sich im 19. Jahrhundert mit den großen Boulevards fort, wie sie Baron Haussmann durch den „Dschungel" von Paris schlug. Was damals *„riot control"* war, wurde

Tunis – Altstadt und Neustadt (nach Westman)

im 20. Jahrhundert zum Inbegriff des Funktionalismus, der im Sinne von Le Corbusier die Autobahn und das rechtwinkelige Straßennetz zur Norm erhob. Überschaubarkeit und Geschwindigkeit machten die modernistische Konfiguration aus, wie die Futuristen sie poetisierten. Faschismus und Nazismus knüpften daran an mit ihrem achsialen Neubarock, mit Autobahnen und monotonem Monumentalismus.

Die antilabyrinthischen Strategien gegenüber dem Stadtleben fielen oft zusammen mit direkter Kolonisation. Der Zusammenstoß ist in der Dritten Welt besonders sichtbar. Für die spanischen Kolonialstädte in Amerika legte man das Schachbrettmuster zugrunde, um einen beherrschenden Zentralplatz herum. In den arabischen Ländern sind labyrinthische Städte nun oft konfrontiert mit oder werden eingeebnet zugunsten von westlichen Konstruktionen entlang gerader Linien. In Sansibar stoßen die arabische Altstadt und die ebenso unübersichtlichen Vorstädte aus Suahili-Dörfern brüsk zusammen mit kilometerlangen monotonen Blockbauten, die aus der deutschen Entwicklungshilfe – hier der DDR – stammen.

Der Kulturzusammenstoß ist ein Bewegungskonflikt. Es gibt einen Zusammenhang zwischen kolonialer Herrschaft und geradlinigem Weg, zwischen Machtgeschichte und der Geometrie körperlicher Raumeroberung.

Damit ist nicht gesagt, daß die Kolonisierung des Stadtlebens sich auf Dauer durchsetzen wird, so wie es neomoderne Prognosen von der Globalisierung nahelegen. Es gibt entgegengesetzte Erfahrungen, die zeigen, wie die Bevölkerung sich machtbegründete Geometrien subversiv aneignet und neulabyrinthisch umformt.

Die Widersprüchlichkeit zeigt sich auch am Sport. Sportstadien waren ein wichtiger Bestandteil des machtgeleiteten Strebens nach Übersichtlichkeit, von den napoleonischen Amphitheatern über die faschistischen Stadien bis zu den Multistadien des gegenwärtigen Marktes, von den Laufbahnen pädagogischer Disziplinierung bis zum futuristischen Projekt der totalen Autobahnisierung. Insofern war der Sport nicht nur eine Hervorbringung der Stadt, sondern auch eine Kolonisierung.

Aber die Geometrie der Macht bezog ihre überzeugende Kraft auch aus einem elementaren Orientierungssuchen des Menschen: Wo bin ich – und wer bin ich eigentlich? Die Unsicherheit der menschlichen Existenz drängt auf eine neue Übersichtlichkeit, zumindest auf begrenztem Raum – wie dem Stadion – und in einer begrenzten Zeit, solange das Spiel vor sich geht. Und doch ist der Blick nur ein Teil der Körperlichkeit, auf die sich die menschliche Identität bezieht. Dem Auge gegenüber ist nicht zuletzt die Sinnlichkeit der Hand für das „Begreifen" der Welt grundlegend.

Die fraktale Dimension

Die Stadt – als Architektur, Stadtbewegung und Stadtleben – ist charakterisiert durch eine Komplexität, die jenseits von Chaos und panoptischer Geometrie eine dritte Position einnimmt. Diese dritte Dimension ist von mathematischen Überlegungen und Computersimulationen her als die fraktale Dimension gekennzeichnet.

Fraktale sind geometrische Formen, die im Kontrast stehen zur klassischen „glatten" Geometrie der Dreiecke, Kreise, Parallelen und Kugeln, wie die abendländische Wissenschaft sie seit Jahrhunderten kultiviert hat. Die Formen des Lebens lassen sich durch diese glatte Geometrie aber nicht beschreiben. Baum- und Blattformen, Wolken, Wasserströmungen und Küstenlinien, Körperzellen und Blutadern, Fisch- und Vogelschwärme, Menschengesichter und Menschenmassen bilden Muster, die man früher „mathematische Monstren" oder „Launen der Natur" nannte und umschrieb als faltig, gewunden, knotig, krumm, polypenförmig, schlängelnd, seltsam, sprudelnd, tangartig, unüberschaubar, verwickelt, verzweigt, wild, wirbelartig, wirr, wunderlich, zufällig – oder eben als labyrinthisch. Und in der Tat, in Benoît Mandelbrots bahnbrechendem Werk über die fraktale Geometrie der Natur findet sich auch das Labyrinth als eine charakteristische fraktale Figur. Es leuchtet ein, daß Stadtplaner begonnen haben, die fraktale Geometrie zu einem tieferen Verständnis der „organischen" Veränderungen von Stadtstrukturen zu nutzen.

Die fraktale Geometrie macht es möglich, diese neuen Phänomene und ihre Widersprüche genauer zu beschreiben. Jenseits von glatter Abstraktion und Chaos zeigt sich ein Drittes – jenseits von „Selbstidentität" (Ego, Ipseität, *sameness*) und Entfremdung.

WIDERSPRÜCHE DENKEN...

Das Labyrinth hat also nicht nur eine historisch-empirische Seite: Was war das Labyrinth früher und was ist es heute? Es bietet sich auch nicht nur zu metaphorischem Gebrauch an: Was symbolisiert das Labyrinth? Und was meinen wir, wenn wir vom Labyrinthischen – z. B. der Stadt – sprechen?

Es hat auch eine methodologische, epistemologische Seite. Das Labyrinth bezieht sich als historisch-poetisches Bild auf die körperlich-sinnliche Praxis des Menschen und auf die Widersprüche des Lebens: Welche Bewegung beschreibt es, und worüber klärt es uns damit auf?

Unter diesem Blickwinkel treten verschiedene dialektische Spannungsverhältnisse an Labyrinth- und Stadtbewegung hervor.

* *Überschaubarkeit versus Unübersichtlichkeit*, Ordnung versus Chaos. Der Blick der Macht ist beunruhigt, man sucht nach panoptischen Strategien – *gerade versus krumme Linie*.
**Steinerne Stadt – Nomadisieren*. Das kretische Gefängnislabyrinth und das Tanzlabyrinth stehen gegeneinander. Der Widerspruch findet sich wieder in den Auffassungen von „Standortgemeinschaft von Funktionen" versus bewegte Lebenswelt.
* *Matriarchale – patriarchale Bewegung*. Das Gefängnis des Königs Minos steht neben dem Tanzboden der Ariadne. Rhythmus und Schwung sind konfrontiert mit Kampf und Konstruktion. Das Labyrinth ist nicht geschlechtsneutral – die Stadt auch nicht.
* *Linearer – zyklischer Rhythmus*. Das erzählt von der kulturellen Re-

lativität des „Fortschritts" auf der Laufbahn des Sports – und in der Stadt.

Raum – Ort. Das Labyrinth markiert einerseits Orte mit Namen. Es bietet andererseits eine räumliche Form, die von Ort zu Ort übertragen werden kann. Es spricht damit eine universale, allgemeinmenschliche Sprache. Die räumliche Verallgemeinerung des Labyrinths hat jedoch einen anderen Charakter als die Globalität der geraden Linie.

Blick – Bewegung. Hier zeigt sich das Nebeneinander von Irrgarten und Umgangslabyrinth, von Stadtbewegung von außen gesehen und von innen erlebt. Urbane Bewegung wird erkennbar als Herumtreiben und Pulsieren, als Flow und Swing, als Rhythmus und Flanieren.

Freiheit – Gebundenheit. Im Irrgarten und beim Zappen durch die Stadt haben wir „freie" Wahl. Im Umgangslabyrinth hingegen gibt es nur einen Weg, und diese Enge mag Angst erzeugen.

… UND DAS DRITTE

Die Dualismen gehen jedoch nicht in einer höheren Einheit auf. Die dialektische Konstruktion der Widersprüche ist nicht auf der Höhe der Herausforderung, die in der labyrinthischen Konfiguration liegt. Eher führt das Labyrinth zu einem trialektischen Verständnis von Widersprüchen.

Panopticon, Irrgarten, Labyrinth. Da streben wir einerseits nach panoptischem Überblick und panoptischer Gestaltung mit glatter Geometrie, Kontrolle, Funktionalismus und der Zentralperspektive der Macht. Wir wollen den Überblick – und die Macht will den Überblick über uns. Arenen und übersichtliche Laufbahnen markieren die Stadt – und bleiben Fremdkörper, Orte fremder Bewegung.

Andererseits bewegen wir uns im Irrgarten zwischen Wahlsituationen. Verwirrung stellt sich ein, Strategien des Durchkommens sind gefragt. Wir nehmen den Stadtplan zur Hand. Wir fummeln uns durch den Supermarkt und durch den Markt der Sportszenen. Wir stehen unter dem Streß der Wahl.

Aber was ist eigentlich bewußte Wahl? Wählen wir unseren Sport, oder wählt „unser" Sport uns? Sinnlichkeit, Vernunft und Identitätssuche greifen ineinander. Die duale Rechnung von Stadion und Supermarkt geht nicht auf, und als ein Drittes erscheint der laby-

rinthische Umgang im Bild. Urbane Bewegung ist auch Herumbummeln, Trödeln und Vagabundieren, der krumme Weg des Flaneurs – verschlungene Umzüge des Karnevals, Skateboarding an verbotenen Orten, Graffiti in der Form des Fragezeichens.

Streben, treiben, treideln. Die Bewegung auf der Laufbahn des Sports richtet sich auf Ziel und Rekord, im Irrgarten auf die Lösung. Was diese Bewegungen verbindet, ist das Streben. Das Subjekt strebt vorwärts und folgt dabei zielgerichteter Rationalität. Oder aber man wird getrieben wie ein Objekt auf den Wellen des Meeres. Die „Irrationalität" solchen Triebs bearbeitet die Psychoanalyse. Aber im Umgangslabyrinth streben wir weder, noch werden wir getrieben. Die Trelleburg als Dreh-, Treidel- und Trödelburg legt eine Rationalität jenseits von Objektivität und Subjektivität nahe.

Entfremdung, Selbst, Dazwischen. Im Irrgarten und in der fremden Stadt bin ich entfremdet, im Labyrinth und in der eigenen Stadt zu

Den Parallelen zwischen der „städtischen Bewegung" und dem „labyrinthischen Umgang" auf der Spur …

Hause. Aber das ist nicht alles. Im Labyrinth bin ich nicht nur ich selbst, sondern auch dazwischen. Zwischen den Steinreihen isoliert die Bewegung uns nicht als einzelne, sondern sie läuft auf Zusammenspiel und Zugehörigkeit hinaus: hinein und wieder hinaus und wieder hinein… In dieser Bewegungslandschaft ist der Mensch ein Mit und Auch, ebenso wie die Frage ein Gegenüber voraussetzt und die Identitätsfrage eine Alterität. Erst in der Relation bildet sich Identität heraus: Dies hier ist meine Stadt, unsere Stadt – und wer bin ich…? Als Fragender und als Zwischen-Raum ist das Labyrinth interaktiv und zwischenkörperlich, und auf dieser Grundlage konnte es sich im Laufe der Geschichte zur Stadt erweitern.

(Redigiert von Ilse M. Seifried)

LITERATUR:

Bachelard Gaston, La terre et les rêveries du repos, Paris 1948, 6. Aufl. 1971
Caerdroia, journal of mazes and labyrinths, Thundersley/Essex, Nr. 6/1981 ff.
Chatwin Bruce, The Songlines, London 1998
Duerr Hans Peter, Sedna oder Die Liebe zum Leben, Frankfurt/M. 1990
Fisher Adrian/Gerster George, The Art of the Maze, London 1990
Foucault Michel, Überwachen und Strafen. Die Geburt des Gefängnisses, Frankfurt/M 1977
Jorn Asger/Jacqueline de Jong (Hrsg.), The Situationist Times. International edition, Nr.4, Kopenhagen, Rhodos 1963
Jorn Asger, Ting og polis, Kopenhagen, Borgen 1964
Kern Hermann, Labyrinthe. Erscheinungsformen und Deutungen. 5000 Jahre Gegenwart eines Urbilds, München 1982 (5. Aufl. 1999)
Knudsen Gunnar, „Navnet Trellebor", in: Poul Nørlund, Trelleborg, Kopenhagen, Gyldendal 1948, 189–214
Mandelbrot Benoît B., Die fraktale Geometrie der Natur, Basel, Boston 1987
Nørlund Poul, Trelleborg, (= Nordiske Fortidsminder. IV, 1), Kopenhagen 1948
Pieper Jan, Das Labyrinthische. Über die Idee des Verborgenen, Rätselhaften, Schwierigen in der Geschichte der Architektur,. Braunschweig/Wiesbaden 1987
Westman Bror, To bosætningsformer. Principper for sammenhæng og variation i relation mellem bolig og by i to kulturer, den arabisk-muslimske og den spansk-kristne, Kopenhagen 1979

David Auerbach

Der Weg durch das Labyrinth
Überlegungen aus der Sicht der Philosophie

Ich dachte an das Labyrinth der Labyrinthe
an ein gewundenes, sich ausbreitendes Labyrinth
das Vergangenheit und Zukunft umfassen würde
und irgendwie die Sterne miteinbezöge
Jorge Luis Borges (The Garden of forking path)

Im Gehen schaffe ich den Raum und die Zeit[1]. Beim Begehen des Labyrinths, wie es Borges empfand und wie ich es versuchen werde zu zeigen, werde ich dieser Tätigkeit auf eine besondere Art bewußt. Das Labyrinth verbindet Außenraum mit Innenraum auf einem gewundenen und verworrenen Weg.

Eingang

Beim Eintreten in das Labyrinth wird das Hier und Jetzt wesentlich: Ein *Nicht* hier am Eingangsein vernichtet den Weg, den ich vor mir habe. Ein *Nicht* im Jetztsein zerstreut meinen Entschluß, mich auf das Ungewisse vor mir einzulassen.
Schon nach dem ersten Schritt ist es um mich geschehen: Raum und Zeit kommen mir dichter an den Kragen heran, sind nicht mehr ganz außerhalb von mir, sie beginnen in mir zu leben. Denn im Hier breitet sich das Labyrinth immer mehr aus, schiebt den Außenraum fort. Aber der ersehnte Innenraum kommt noch nicht näher; ich befinde mich in einem unermeßlich weiten Zwischenraum, und der Kampf um das Jetzt beginnt. Es ist nicht draußen vor der Tür, sondern Produkt meines Bewußtseins. Ob ich es diesmal schaffen werde?

Den Weg beschreiten

Ich betrete ein kretisches Labyrinth[2], schaue vor mich und merke, daß ich direkt ans Ziel schreite. Ich bin fast schon da. Doch nein.

Beim Durchschreiten des Labyrinths sind mathematische Ähnlichkeiten mit den Wirbeln des Wassers, der Luft und der Sterne zu beobachten.

Ich sehe das Kreuz in der Mitte. Todeswarnung: Das Ziel ist stark zugegen, der Weg geht mir fast verloren. Die erste Wendung kommt. Ich bewege mich nach links, um auf dem Weg zu bleiben. Wieviel einfacher ist es geradeaus voranzuschreiten! Das wissen die Alten[3] am besten! Links und rechts lebt in der Erwägung, in der Symmetrie von Hüften und Schultern. Ich bewege mich vom Ziel weg, aber doch auch wieder nicht. Ich fliehe nach außen, aber nicht zum Außenraum. Ich bewege mich im Zwischenraum, gehe erst im Uhrzeigersinn herum – Gangart der Sonne im Norden[4], der Zyklone im Süden.[5]

Jetzt bin ich einmal herum. Und ich könnte mich immer weiter bewegen, käme ich nicht zur nächsten Wendung. Hier mache ich eine Links-Kehrtwendung nach außen und gehe zurück, gegen den Uhrzeigersinn – Gangart des Mondes[6] oder die retrograde Bewegungen der Planeten im Süden[7]. Einmal wieder herum, und nun gehe ich wie zu Anfang im Uhrzeigersinn, diesmal aber ganz draußen. Obwohl ich genausoschnell laufe, komme ich langsamer, ja auch bedächtiger voran: Meine Schritte hier draußen wirken anders, denn es herrschen Gesetzmäßigkeiten des Wirbels: Wasser- und Luftwirbel, Wirbel von Sternen und Planeten.[8]

Wieder wende ich mich.

Dann noch fast ein ganzer Mondenkreis.

Inzwischen spüre ich die Symmetrie und das Atmende des Weges:

hinein (herum)

hinaus, hinaus,

hinein, hinein,

hinaus, hinaus

hinein.[9]

Zum Innenraum hinein.

Der Weg ist zu Ende und geht nicht weiter wie bisher. Ist es eine Sackgasse und sonst nichts?

Ich drehe mich wie im Traum um und bemerke: Zum ersten Mal darf ich mir meinen Sinn frei wählen: links oder rechts. Nun bin ich wirklich da. Wo? *At the still point of the turning world, there the dance is!,* wie T. S. Eliot es so treffend ausdrückte, und dabei meinte er auch den Polarstern und die um ihn herumkreisenden Tiere. Langsam merke ich, was es heißt, in der Mitte zu sein. Im Stehen erlebe ich wieder das Gleichgewicht, diesmal aber insbesondere meine senkrechte Achse. Das Gleichgewichtsorgan rutscht dabei aus den Labyrinthen meines Schädels in die Glieder.[10] Links und rechts holen mich im Herumgehen ein. Nun bin ich beim Rätsel der Sphinx angelangt: *Das Kind hat die Senkrechte noch nicht erlangt, der Greis hat sie verloren.* Erkenne dich selbst. In der Stille nach dem Tanz spüre ich mein Blut. Auch mein Blut wendet sich im Herzen: von oben nach unten[11]. Und die Luft in mir. Sie wendet sich auch von Inspiration zur Exspiration.[12] Im Aufstauen und im Wenden werde ich etwas wacher, lebe stärker in meine Sinne hinein, und zwar nicht das, was sie mir melden, sondern das, was sie mit mir tun. Der Außenraum verschwindet schrittweise. Links und rechts gehörten einst zum Außenraum. Im Bewußtwerden des Wendens in Hüften und Schultern nahm ich diesen Raum ein Stückchen nach innen. In der Mitte nahm ich die Senkrechte (oben/unten) mehr in Besitz.

Bei der Rückkehr wende ich mich dem Vorne und dem Hinten zu, die ich beim Hineingehen verschlief, sogar bei den Wendungen! Vorne, da ist meine Zukunft, das Neue. Mein Sehen, mein Schmecken ist vorne, am Eingang zum Nahrungslabyrinth (und merke nicht mehr, wie ich die Gegenwart vergessen habe beim Schauen nach vorne). Hier auf dem Weg nach außen werde ich wach für die Außenwelt (schlafe immer tiefer für die Innenwelt ein). Das, was hinter mir ist, ist Vergangenheit, ausgeschieden. In Ungeduld auf die Zukunft verlasse ich diesmal das Labyrinth, lasse meine Gegenwart, die hier so umkämpft wurde, ihr eigenes Traumleben weitertreiben. Geahnt habe ich die Maya, die Illusion des Außenraums. Nächstes Mal mache ich mir schon mehr Hoffnung, den Weg noch bewußter zu beschreiten.

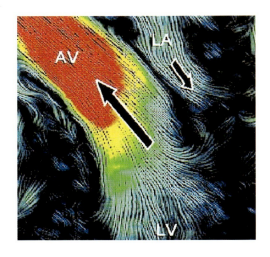

Das Wenden des Blutes im Herzen bei dessen Kontraktion: von oben durch den linken Vorhof (LA) kommend, sich an der Herzwand (LV) aufstauend und wendend, um wieder nach oben (AV) zu treiben

DEN WEG BETRACHTEN

Jedes Labyrinth hat seine besondere Form, seinen besonderen Charakter. Es gibt runde Labyrinthe, eckige sowie eine Vielzahl moderner anderer Formen. Sie können streng symmetrisch, aber auch unregelmäßig wie Tintenkleckse sein. Sie sind eingebettet in die Umwelt, mehr oder weniger harmonisch, je nach Sensibilität ihrer ErbauerInnen. Spiegelt der Innenraum die Umwelt, der Außenraum den Innenraum? Wie sieht der innerste Kern des Labyrinths aus? Ist es ein klaustrophobisches Kämmerchen, das kaum ein Wenden zuläßt, ein beschützender Innenraum oder ein größerer Raum, wie in

Chartres, der einen einlädt, dort länger zu verweilen bzw. ihn mit anderen zu teilen, ehe man sich wieder auf den Weg hinaus begibt? Labyrinthe können so groß sein, daß sie sich über Hügel erstrecken mit vielen engen oder wenig breiten Gängen. Sie können aber auch so klein sein, daß man sie kaum zu begehen vermag.

Eng mit der äußeren Form verknüpft ist die Anzahl der Bögen, und damit wiederum die Breite oder der Durchmesser. Ein Siebener-Labyrinth hat sieben Bögen und einen Innenraum[13], seien sie quadratisch oder kreisförmig. Die Kreise selber können mehr oder weniger vollständig sein, je nach Labyrinthform.

Wir können auch nach dem Weg selbst fragen. Ist es ein echtes Labyrinth: ein eindeutiger Weg hinein mit Wendepflicht? Ist es ein Durchgangs-Labyrinth mit vielen Spiralen, die einen hinein- und dann wieder hinausführen, ohne daß man sich wenden muß? Oder ist es ein Irrgarten von der Sorte, in der sich Harry Potter im Band 4 beweisen mußte, voller Sackgassen und sich gabelnder Wege?

Auch die Eingänge der verschiedenen Labyrinthe unterscheiden sich voneinander. Sie können deutlich, lang und einladend wie das „kretische" sein oder versteckt oder mehr spiraliger Natur, die einen langsam, aber stetig hineinführt.

Beim Begehen spürt man den Weg selber, und da ist jedes Labyrinth anders. Manche sind schmäler mit breiten Markierungen (Büsche, Hecken), andere haben mehr symbolische, noch gerade erkennbare Markierungen dicht am Boden (z. B. Bänder, Steine, Hölzer), noch andere errichten sogar Wände, um die Grenze und die Einsamkeit des Weges zu betonen. Oft ist der Gang nicht auf der ganzen Strecke gleich weit, entweder durch Ungenauigkeit beim Bau oder aber (zum Beispiel bei manchen Spiralen) gezielt enger oder breiter werdend.

Den Weg bemessen

Wie zuvor aufgeführt, hat jedes Labyrinth mehrere Elemente, die es charakterisiert: Form, Größe, Weglänge, Wegbreite, Zahl der Bögen, Größe des Ziels. Nun können wir uns fragen: Stehen die einzelnen Elemente miteinander in Verbindung, oder stehen sie alle unabhängig nebeneinander?

Ich entscheide mich beim Bau eines Labyrinthes z. B. für die Kreisform. Ich wähle auch eine bestimmte Wegbreite (b). Was bleibt mir übrig frei zu wählen? Setze ich nun fest, wie viele Bögen[14] (n) es ha-

So unterschiedlich in Ausmaßen, Gangbreiten, Zahl der Windungen usw. können begehbare Labyrinthe sein. Oben das Rasenlabyrinth von Winchester aus dem 17. Jahrhundert, darunter ein Steinlabyrinth in Schweden

ben soll, so habe ich damit automatisch die Größe des Labyrinths (r) festgelegt, denn nur soviel Bögen der Breite b passen in einen Radius r: n x b = r als Formel ausgedrückt.[15] Wähle ich schließlich die Größe des Innenraums (r_i) und den genauen Verlauf, so ist auch die Länge des Labyrinths (L) festgelegt.[16] Wie können wir diese verschiedenen Aspekte formelmäßig so erfassen, daß sie eine Labyrinthsprache sprechen?

Machen wir es konkret mit diesem Labyrinth. Die Wegbreite b soll in diesem Fall gerade meine Schrittbreite[17] sein. Bis zur Mitte sind es etwa 160 Schritte, eine typische Länge für ein kretisches Labyrinth. Mathematisch ausgedrückt: L/b = 160 oder L = 160 x b. Was einen besonders wundert, ist, daß diese Zahl L/b etwa gleich bleibt, egal wie klein oder wie groß das Labyrinth ist, solange es ein *ähnliches*[18] kretisches ist: Ein Riese, der ein Labyrinth bauen würde mit seiner Riesenschrittlänge von 10 m, würde auch etwa 160 Schritte benötigen (obwohl ich mit meinem Ein-Meter-Schritt den zehnfachen Weg zu laufen hätte). Ist die Form auch klassisch rund, aber mit elf Bögen, wie es in Skandinavien oft vorkommt, ist das ausgemessene Maß L/b etwa 390 und für ein Fünfzehner 720 Schritte lang. Verdoppelung der Bögen führt nicht zu einer Verdoppelung der Länge, sondern etwa zu einer Vervierfachung der Länge:

$$\Lambda = \frac{L}{b\,n^2}$$

Etwa[19]! Wenn wir also das natürliche Maß L/b (das wir schon berechnet haben) durch n^2 teilen, bekommen wir die sog. Proportionalitätskonstante. Das ist die Labyrinthzahl Λ:

$$\frac{L}{b} = \Lambda n^2$$

Die Labyrinthzahl[20] Λ wird stets durch die *tatsächlich ausgemessene Größe* des Labyrinths bestimmt. Daraus ergibt sich nach Umformung L = Λ b n^2 für die Labyrinthlänge[21]. Was hat Λ für eine Bedeutung? Messen wir L, b und n für verschiedene Labyrinthe, so bekommen wir für jedes Labyrinth einen bestimmten Wert[22]. Folgende Graphik zeigt die Λ-Werte einiger bekannter Labyrinthe, und man sieht, daß Λ den Wert um drei für runde Labyrinthe, um vier für quadratische Labyrinthe annimmt[23], mit dem oktagonalen Labyrinth dazwischen[24]. Dabei werden die Größe des Innenraums[25] und Asymmetrien[26] berücksichtigt, nicht aber die besonderen Formen der Wendungen[27].

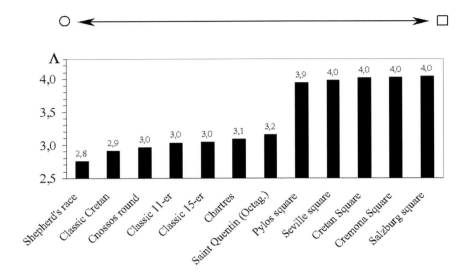

Die Labyrinthzahl für verschiedene Labyrinthe (links runde, rechts quadratische) aufsteigend geordnet

So erlaubt uns die Labyrinthzahl Λ, Labyrinthtypen voneinander zu unterscheiden.[28] In ihr leben drei Hauptgrößen des Labyrinths. Die Bogenzahl n beschreibt, wie viele Bögen das Labyrinth hat, und ihr Verhältnis zum Innenraum. Die Wegbreite b ist das im Labyrinth innewohnende Maß, mit dem das Labyrinth abgeschritten wird. Sie berücksichtigt auch eventuelle Asymmetrien. Schließlich ist L^{29} der Weg, der tatsächlich abgeschritten wird.

Wesentliches trifft, verpaßt aber auch die Mathematik: die kleinen Wendungen des Weges und die große Wendung in der Mitte. Waren es vielleicht diese Wendungen der Wandelsterne, diese Wege der Fixsterne in den Spiralwirbeln, die Borges in seinem Gedicht im Geiste hatte?

NOTIZEN, LITERATUR, HINWEISE:

Ich bin Ilse Seifried für Anregungen zu dieser Arbeit sehr dankbar.

[1] Der *a priori*-Raum von Kant und die von meinem Bewußtsein unabhängige Zeit von Newton und Einstein sind so bequem außer mir, außer meines Selbst, ohne mein Zutun. Was tut Der Weg durch das Labyrinth mit diesem Außensein?

[2] Sogenanntes klassisches Sieben-Bogen-Linksdrehendes Labyrinth.

[3] Ältere Menschen haben besondere Probleme mit dem Links/Rechts-Gleichgewicht.

[4] Im Tageslauf auf der Nordhalbkugel.

[5] Es sind die großräumigen Wirbel, deren Sog in der Mitte mit Tiefdruckgebieten einhergeht. Im Norden über der nördlichen Halbkugel drehen sie gewöhnlich gegen den Uhrzeigersinn.

[6] Im Monatslauf auf der Nordhalbkugel.

[7] Beim linksdrehenden klassischen Labyrinth ist die Hauptrichtung (1. Bogen nach dem Eingang) im Uhrzeigersinn (da es mehr Wendungen in dieser Richtung gibt), ‚retrograd' deutete also auf Bögen im Gegenuhrzeigersinn. Der Sinn ist dann gleich der der retrograden Bewegungen der Planeten von der Südhalbkugel aus betrachtet, die wir nachahmen.

[8] Das Wasser in den Wasserwirbeln, die Luft in den großen oder kleinen Luftwirbeln, aber auch die Planeten um die Sonne oder Sterne in Teilen von Spiralnebeln bewegen sich umso langsamer, je weiter sie vom Zentrum – vom Wirbelkern bzw. von der Sonne – entfernt sind. Verdoppelte Entfernung vom Zentrum (Labyrinthzentrum/Sonne/Wirbelzentrum) führt im Labyrinth (beim herumgehenden Menschen) zu einer Verdoppelung, bei den Planeten zu einer fast Verdreifachung (3. Keplersches Gesetz: $2^{3/2} \approx 2{,}83$fach) und bei den Luft- und Wasserwirbeln (sog. Potentialwirbel – beim herumgehenden Wasserquentchen) zu einer Vervierfachung der Umlaufzeit.

[9] Hier wird auf die radiale Bewegung, die wir beim Hineingehen ins Labyrinth durchführen, hingewiesen. Insgesamt geht es natürlich hinein.

[10] Beim Gehen sind die Labyrinthe des Gleichgewichtssinnes im Innenohr mehr am Gleichgewichthalten beteiligt als im Stehen. Im Stehen werden Muskeln des Unterbeins zum Gleichgewichtssinn. Siehe z.B. I.D. Loram, S.M. Kelly, M. Lakie 2000, Analysis of balancing ability in man using an equivalent task (fictive standing). The Journal of Physiology 523P, pp. 134P.

[11] Das Herz steht schräg. Hier finden die größten Umkehrungen des Blutes statt: Aus der Lunge mit Sauerstoff durchzogen wendet sich das Blut im linken Ventrikel, um dann hinauf den ersten Bogen in der Aorta zu durchströmen. Die zweite große Wendung des Blutes findet auch während der Systole statt, aber im rechten Ventrikel, wenn das lufthungrige Blut aus der Peripherie kommend zur Lunge hinströmt.

[12] Ob es Inspiration/Expiration ist und nicht anders herum, ist eine Sache des Blickwinkels. Bin ich die Luft, die durch die Nasenlabyrinthe durchgewirbelt und erwärmt eingeatmet wird? Oder geht beim Einatmen ein alter Impuls zu Ende, um auf einen neuen im Zentrum zu warten?

[13] Manche nennen es Achter. Mathematisch muß man den Weg vom Ziel (Innenraum) unterscheiden. Ob der Weg metaphorisch dem Ziel gleich ist, steht hier nicht zur Debatte.

[14] Die Anzahl der Bögen n und die sog. Ordnung α, die Anzahl der Bögen in der ‚Kreuz-Punkt-Bogen'-Labyrinth-Generationsstruktur sind durch die Formel n = 4α + 3 verknüpft. Siehe z. B. Graeme Fyffe, „How Long is a Labyrinth?", Caerdroia 22, 40–43, 1989.

[15] Man kann dies auch anders definieren (siehe Anm. 28), dann gilt diese Formel nicht mehr.

[16] Der Maßstab ist wesentlich, insbesondere bei sehr großen Labyrinthen. Eine Ameise hätte z. B. mit den vielen Bergen und Tälern der Sandkörner oder Steine zu schaffen und würde dadurch einen weitaus längeren Weg zurücklegen, und zwar je länger, desto kleiner das Tier ist. Aber auch bei den Menschen ist es so: Portugiesen maßen die Landesgrenze zu Spanien mit 1214 km, die Spanier jedoch mit nur 987 km, was auf die Verwendung von Karten mit unterschiedlichen Maßstäben zurückzuführen ist. Siehe z. B. L. F. Richardson, zitiert in B. M. Mandelbrot 1983, The Fractal Geometry of Nature. Freeman/NY, S. 33.

[17] Die Wanddicke (nur eine, aber egal wie dick!) gehört in diese Überlegung (aber auch in andere mathematische Überlegungen, z. B. in Anm. 14) zur Wegbreite.

[18] Wenn das Labyrinth von klassischer Siebenerform in die Länge oder Breite gezogen ist, wird die Wegbreite nicht mehr eindeutig sein, und man wird einen Mittelwert nehmen müssen, etwa: Mittel aus medialen und lateralen oder kleinsten und größten – siehe später.

[19] Der Innenraum muß immer berücksichtigt werden, aber labyrinthisch: Statt n^2 sollte $n^2 + 2n \times n_i$ verwendet werden. Dabei ist n_i die Anzahl der Bögen der Breite b, die in den Innenraum paßten. Die Zahl n_i ist i.A. nicht ganzzahlig, liegt für das kretische Labyrinth z. B. zwischen 0,4 und 0,5 und für Chartres bei 3,5. Siehe Anm. 25 für die Ableitung.

[20] Ich verwende das griechische Gamma (Λ), nicht nur, da es sich dann von L (Labyrinthlänge) absetzt, sondern auch, da in der Physik das vielleicht berüchtigste Λ Einsteins Konstante für eine eventuell unbekannte Kraft oder Materie steht, die das Universum auseinandersaugt.

[21] Für die FormelliebhaberInnen: Im folgenden nehmen wir an, daß der Weg des Labyrinths eine Grundform (z. B. Quadrat, Kreis etc.) gänzlich ausfüllt, im weiteren, daß alle Wegstrecken durchlaufen werden (d.h. kein Irrgarten). Wir betrachten zunächst runde Labyrinthformen. Wir sehen davon ab, ob sie „kretisch" oder mittelalterlich sind. Stellen wir das Labyrinth möglichst geometrisch vereinfacht dar (d.h. entlabyrinthisiert!): Die Markierungen sind nicht gewunden, sondern es sind n konzentrische Kreise um ein Zentrum. Der gesamte Weg setzt sich also zusammen aus der Summe aus n konzentrischen Kreisen des Umfangs $2\pi r$, vernachlässigt also die radiale Komponente des Weges. Da der Weg – von der Breite b – zwischen den Markierungen verläuft, ist der Radius r für den innersten Kreis b/2 oder, was für die Überlegung einfacher wird (b – b/2). Für den nächsten nach außen gelegenen Weg ist der Radius (2b – b/2) usw. So ist

$L = 2\pi [(b-b/2) + (2b - b/2) +... + (nb - b/2)]$

$= 2\pi b [(1+2+...+ n) - n/2]$

$= 2\pi b [n(n+1)/2 - n/2]$ (die Reihe $1 + 2 +... + n$ hat die Summe $n(n+1)/2$)

$= \pi n^2 b$.

Dies gilt für alle runden Labyrinthformen.

[22] Wir haben die Formel in Anm. 29 für die Berechnung verwendet, um die Größe des Ziels, die Asymmetrie und die Zahl der Wendungen zu berücksichtigen.

[23] Wenn das Labyrinth quadratisch ist, so ist n die Anzahl der Wege der Breite b von der Mitte aus gemessen, und jeder quadratische Weg ist viermal die Länge des Quadrats, die selber b für das Innerste, 3 b für das nächste, 5 b usw. Dann ist die Gesamtlänge L des Labyrinthes

$$L = 4 (b + 3b + 5b + ... + nb)$$
$$= 4 n^2 b \text{ (die Reihe } 1 + 3 + ... + n \text{ hat die Summe } n^2).$$

[24] Für m statt vier Ecken wird die Vier in Anm. 23 zu n. Jeder Weg ist nicht mehr b, sondern nur $\tan(p/m)$ von b. So ist insgesamt $\Lambda_t = m \times \tan(\pi/m)$ für regelmäßige polygonale Labyrinthe (Winkel in Radianen, Winkel mal $\pi/180$, um in Grad zu rechnen). Dies ergibt $\Lambda_t = 4$ für quadratische ($m = 4$), $\Lambda_t = 3.31$ für oktagonale ($m = 8$) und $\Lambda_t = \pi$ für kreisförmige ($m = \infty$) Labyrinthe. Wie ein Vergleich mit der Graphik ersehen läßt, ist die Übereinstimmung mit der Theorie nur für quadratische Labyrinthe zufriedenstellend. Für die Berücksichtigung der Anzahl der Bögen in der Theorie siehe Anm. 27. Merke, daß das r für den Kreis im Falle der Polygone den Abstand vom Zentrum zum Mittelpunkt einer Seite bedeutet.

[25] Um den Innenraum mit radius $r_i = n_r b$ (dabei ist dann $r_o = n_o b$ mit $n_o = n + n_i$) zu b berücksichtigen, ist die Gesamtlänge

$$L = \Lambda b n_o^2 - \Lambda b n_i^2$$
$$= \Lambda b (n_o^2 - n_i^2)$$
$$= \Lambda b (n^2 + 2n \times n_i) \text{ (da } n_o^2 = (n + n_i)^2 = n^2 + 2n^* n_i + n_i^2).$$

[26] Bei Asymmetrie ist der Radius nicht mehr konstant. Ersetzten wir die Form durch eine gedachte Ellipse mit Groß- und Kleinradien nb_l und nb_m (b_l und b_m die lateral – seitlich – bzw. medial – vorne/hinten, bezogen, z. B. auf dem Eingang – Wegbreite). Wenn die Exzentrizität – das Verhältnis der b's – klein ist, so ist dann der Umfang des innersten Bogens

$$L = \pi [b_m - b_m/2 + (2b_m - b_m/2) + ... + (nb_m - b_m/2) + b_l - b_l/2 + (2b_l - b_l/2)$$
$$+ ... + (nb_l - b_l/2)]$$
$$= \pi [b_m - 2b_m + ... + nb_m - nb_m/2 +$$
$$b_l - 2b_l + ... + nb_l - nb_l/2]$$
$$= \pi [b_m (1 + 2 + ... + n - n/2) + b_l(1 + 2 + ... + n - n/2)]$$
$$= \pi n^2 (b_m + b_l)/2$$

Daher der Mittelwert $(b_m + b_l)/2$ statt b.

[27] Gegenüber der Theorie (Anm. 24), die den Weg aus einer Reihe unverbundener konzentrischer Kreise zusammensetzt, werden Wendungen nicht berücksichtigt. Bei den quadratischen Labyrinthen kann man leicht zeigen, daß die Längen mit und ohne Wendungen gleich sind. Bei den Kreisen jedoch ist der Weg mit Wendungen kürzer, und zwar um $U = 2kb(1 - \pi/4)$. k ist hier die Anzahl der Wendungen. Daraus folgt $\Lambda_t = \pi - 2k(1 - \pi/4)/n^2$. Insbesondere für Labyrinthe vom Typ Chartres ist die Theorie nun befriedigend – für diesen Hinweis bin ich Willem Kuipers dankbar. Beim kretischen Labyrinth herrscht ein Kampf zwischen dem kantigen Kreuz und der ansonst runden Form: Manche Labyrinthe haben kantige, manche haben runde Wendungen und der Faktor U (oben) ist gut doppelt so groß. Dieser Effekt verschwindet zunehmend bei klassischen 11-er und 15-er-Labyrinthen. Die Wegbreite, insbesondere beim Kreuz, ist auch nicht mehr konstant. Somit versteht man die Abweichungen der runden Labyrinthe von π in Richtung 3. Bei den Spiralen sind keine Wendungen vorhanden – siehe Anm. 28.

[28] Was bedeuten Labyrinthzahlen unter 3 oder über 4? Hier lohnt sich ein genauerer Blick auf die Definition der Labyrinthzahl. Setzt man für n aus $n \times b =$

r in Gleichung 2 ein, so erhält man $\Lambda = Lb/r^2$: Kann uns die Gleichung in dieser Form etwas Neues sagen? Betrachten wir Nenner und Zähler unabhängig. Der Nenner ist (bis auf Λ) die Labyrinthfläche, während der Zähler die abgewickelte Fläche des Weges ist. (Diese Definition hat auch Vorteile. Wenn aber diese ‚Flächenlabyrinthzahl' wirklich als Verhältnis von realen Flächen statt im Sinne der ‚Linienlabyrinthzahl' – Gleichung 2 – benutzt wird, müssen die hier verwendeten Meßvorschriften und Definitionen abgeändert werden. Die zwei Labyrinthzahlen sind dann nicht mehr äquivalent.) Es ist das Verhältnis der Wegfläche zur Fläche als Gesamtheit, natürlich eines unter den Voraussetzungen, die wir getroffen haben (siehe Anm. 21). Wenn sich etwa Blumenbeete zwischen den Wegen befinden, ist der Nenner größer und die Labyrinthzahl wird kleiner als 3 für Runden bzw. 4 für Quadrate. Ein anderer Grund für $\Lambda < 3$ ist in der Graphik angedeutet: die Spiraltendenz, die sich in dem ‚Shepherd's Race'-Labyrinth zeigt. Wenn sich die Wegbreiten bei solchen Spirallabyrinthen sogar verjüngen können, kann Λ (etwas anders definiert, um auf eine nicht-konstante b Rücksicht zu nehmen) wesentlich weniger als zwei werden. Obwohl mir momentan keine solchen Labyrinthe bekannt sind, deutet $\Lambda > 4$ auf eine radiale Tendenz hin: Das Hinein und Hinaus überwiegt das Herum.

[29] Dann gilt allgemein $L = \Lambda(n^2 + 2n \times n_i)(b_m + b_l)/2$ oder nach Λ transponiert: $L = 2L/((n^2 + 2n \times n_i)(b_m + b_l))$, wobei n_i die Anzahl der Bögen des Innenraums (Anm. 25) ist, während b_m und b_l die medialen und lateralen Abmessungen des Labyrinths bei asymmetrischen Labyrinthen sind (Anm. 26). Für einen interessanten Austausch zu diesem Thema bin ich Willem Kuipers und Robert Ferré, Direktor des St. Louis Labyrinth Projects, dankbar (siehe auch Anm. 27). Graeme Fyffe gibt die Formel $L = \pi/2\, b\,(28\alpha^2 + 48\alpha + 21)$ an (Anm. 14), die mit unserer gewisse Ähnlichkeiten hat: Ersetzt man Λ durch π, setzt α für n nach (Anm. 14) ein, so erhält man $L = \pi/2\, b\,(16\alpha^2 + 32\alpha + 16)$.

Markus Hochgerner

Das Labyrinth als therapeutische Erfahrung

Jeder Mensch, gleich ob Kind, gerade des Laufens mächtig oder Erwachsener, ist berührt angesichts einer ersten Begegnung mit dem Labyrinth. Das Aussehen, die Struktur, hervorgehoben im geschlossenen Raum oder in der freien Natur, zieht an, läßt uns innehalten oder darauf zugehen, jedenfalls entsteht meist eine spontane Reaktion, die sich in Haltung und Verhalten ausdrückt: Es fokussiert sich der Blick, die Bewegung hält inne, so als ob eine Art Körper-Resonanz auf das labyrinthische Geflecht entsteht. Wir sind beeindruckt.

Die vorgegebene Struktur „Objekt Labyrinth", das uns gegenübertritt, aktiviert grundlegende Möglichkeiten, die dem Menschen im Umgang mit der umgebenden Welt als konstituierende Fähigkeit, quasi als anthropologische Konstante mit in die Wiege gelegt sind: Neugier-Interesse-Aktionslust-Erprobung des Neuen im Umgang mit allen Sinnen und im körperlichen Handeln.

Wie das kleine Kind erstaunt einen Ball auf sich zurollen sieht, ihn mit Blick und Hand erfaßt und sich am Wurf und seinem Springen mit einem „Ahh!" erfreut, wird auch im Erwachsenen sinnliche Wahrnehmung angeregt und mit aktivierenden Affekten verbunden. Hier begegnen wir den Ich-stärkenden Momenten einer Labyrinth-Erfahrung in der ästhetischen Qualität des „Gegenstandes Labyrinth". Auch im absichtslosen Begehen, noch ohne jede weitere Anleitung, erfahren viele von uns die Qualitäten des Weg-Erlebens, ein Gelingen im Eintauchen in den Weg nach vielen Wandlungen bis ganz nach innen (verbunden mit einem Spannungsmoment: Wie wird es wohl ausgehen?) und wieder heraustreten aus der Struktur/Matrix des Vorgegebenen: Die Begehung an sich hat unsere Wahrnehmung schon aktiviert, zu etwas noch Unbekanntem hin verschoben, uns eine neue Erfahrung machen lassen. Wir haben den Spiel-Raum zwischen der umgebenden Welt und unserem Innern eröffnet, in der sich Erfahrung weitet und uns ein neues Stückchen Welt angeeignet. Unser Selbst- und Welterleben ist wieder ein wenig gestärkt: Ich habe mich selbst in gelingendem Umgang mit der vorgegebenen Welt (dem Labyrinth) erlebt.

Dazu ein Beispiel: Ein kleines Mädchen, etwa fünf Jahre alt, betritt mit seinen Eltern eine Halle, in der ein Seil-Labyrinth (Ariadnefaden) mit etwa acht Metern Durchmesser liegt. Nach einer ersten Scheu im Blick auf die Gestaltung führt die Mutter das Kind an den Eingang des Labyrinths und schlägt ihm vor, entlang des Seils hinein und wieder heraus zu laufen. Mit sichtbarer Spannung und zunehmender Freude macht sich das Kind auf den Weg, offensichtlich amüsiert und erregt über die wechselnden Wege und Abstände, die es dabei zu der ruhig am Eingang wartenden Mutter einnimmt. Mit Rufen hin und her nähert sich das Mädchen der Mitte, bleibt stehen und setzt sich spontan in der Mitte nieder.
„Was ist?" ruft die Mutter. „Ein Nest ist das!" antwortet die Tochter, klatscht mit den Händen auf den Boden und sieht stolz (wohl angesichts eines so großen Nestes) auf die Mutter.
In der Zwischenzeit kommt der Vater zum Ausgang des Nest-Labyrinthes, fordert das Kind auf, den Weg wieder herauszulaufen. Bald macht sich das Mädchen auf den Weg. Doch nach wenigen Wegwindungen beginnt sie, quer zu den Seilschlingen aus dem Labyrinth herauszuhopsen. Der Vater fordert sie auf, den Weg einzuhalten (durchzuhalten). Kurz scheint sie im Konflikt zu sein: Der Idee (dem Gebot) des Vaters oder der eigenen Lust, etwas „Queres" zu tun (der möglichen Unlust, „brav" wieder herauszukommen), nachzugeben. Sie lacht und hüpft, das Seil immer überspringend, auf den Vater zu. Der versteht diese Situation, und es entwickelt sich ein lustvolles Nachlauf-Spiel um die Gestaltung herum.

Diese kleine Sequenz zeigt uns in der Interaktion der drei Personen, wie schnell sich das Labyrinth, gerade noch Realobjekt, verwandelt und zum Gegenstand wird, der Interaktion zwischen Menschen anregt, gestaltet und gestaltend wirkt: Der „Gegenstand Labyrinth" wird zum Intermediärobjekt – ein realer Gegenstand (das Seil, das Muster am Boden, was immer die sinnliche Erfahrung „Labyrinth" auslöst) erzeugt Beziehungsqualitäten zwischen Menschen: Das Mädchen läuft und entwickelt mit der Mutter ein Nähe-Distanz-Spiel; immer im Kontakt mit ihr bewältigt sie eine Such- und Orientierungsleistung, die von der Mutter positiv bemerkt und durch Zurufe gefördert wird.
Und plötzlich: die Mitte, das Zentrum..., das Kind nimmt Besitz, im wörtlichen Sinne, es be-setzt das Labyrinth, und jetzt geschieht

In dieser Halle (Ausstellung in St. Pölten) beobachtete Markus Hochgerner Mutter und Kind in ihrem Labyrintherleben.

etwas ganz Neues, es sagt: „Ein Nest (mein Nest) ist das!" Der Gegenstand, die Raumerfahrung verbindet sich spontan mit innerem Erleben. Die äußere Gestalt und das sinnliche Erleben bekommt eine zusätzliche symbolische Qualität, in der Verbindung von äußerer Wahrnehmung und Bewegung und innerer, assoziativer Verknüpfung (rund/Zentrum/Vogel/Mama/Papa/Kind…Nest!) gestaltet sich das Kind einen symbolisch komplex besetzten Erlebens- und Beziehungsraum mit sich, dem Labyrinth und den Eltern, der offensichtlich sehr selbst- und weltbestätigend ist.

Die spielerische Interaktion ist, wie uns der Kinderarzt und Psychoanalytiker D. W. Winnicott zeigt, ein zentrales Medium der seelischen Entwicklung: Die Verinnerlichung positiver Spiel- (und damit auch Beziehungs-)Situationen im Gedächtnis verankert stärkende

Erfahrungen von sich selbst, den umgebenden Menschen und den Gefühlen, die sich zwischen den handelnden Personen entwickeln, in der Psyche: Entsprechend positiv werde ich zu mir und der umgebenden Welt stehen. Gelingt dies nicht, werden eher ambivalente, entwertende oder gar traumatische Bilder, Erfahrungen zu sich selbst, den wichtigen Menschen der Umgebung und den gemachten Beziehungserfahrungen gespeichert, werden Hemmung, Unsicherheit und Ängste im weitesten Sinne mein Selbst- und Welterleben prägen.

Stellen wir uns nur kurz zur vorhergehenden Beobachtung vor, die Mutter hätte das Kind am Betreten des Labyrinthes gehindert („Lass das, das ist zum Anschauen, nicht zum Spielen!") oder entwertet („Ein Nest soll das sein? Hast wohl keine Augen im Kopf!"). Wie hätte das Kind wohl reagiert? Schon aus Selbstschutz hätte es seine Neugier, sein Interesse zurücknehmen müssen, um der Beschämung und Verunsicherung zu entgehen; es hätte eine oder mehrere negative Erfahrungen gespeichert, etwa: Neugier führt zu Entmutigung, meine Impulse sind beschämend, im weitesten Sinn: „Ich bin nichts wert." Ebenso wie die positive Sequenz wäre auch diese in wenigen Momenten vorbei, aber ebenso gespeichert gewesen. Viele Hunderttausende solcher (positiver oder/und negativer) Beziehungserfahrungen prägen und präformieren letztlich unser erwachsenes Selbst-, Beziehungs- und Welterleben und Verhalten.

Geborgenheit in der Mitte

Wahrnehmung ist Sinneseindruck und Erinnerung

Nähern wir uns als erwachsene Menschen dem Labyrinth, so geschieht uns ähnliches wie dem eben beschriebenen Kind: Wir aktivieren unwillkürlich unsere Grundfähigkeiten: Neugier, Interesse, spielerischen Umgang mit dem „Objekt" (lateinisch: Dem uns Entgegengeworfenen) Labyrinth. Wir sagen dann, in positiv getönter Wahrnehmung des „Dinges" und unser selbst: Wir entwickeln einen kreativen Umgang in der Labyrinth-Erfahrung. Spiel ist der Urquell jeder kreativen Handlung, der uns prinzipiell zur Verfügung steht. Der „Gegen-Stand" wird in kurzer Zeit zum „Mit-Stand", an dem/mit dem wir etwas Interessantes, Neues, Lustvolles entwickeln können.

Ich bewältige als Erwachsener den Labyrinthweg, komme etwa in die Mitte, fühle mich im Mittelpunkt (meiner selbst? Der Situation?

Der Welt?), erlebe vielleicht die Wendung, mich wieder herauszuwinden, einem Weg folgen zu können, ihn „zu Ende" gehen zu können – was auch immer: Die sinnliche Wahrnehmung (im Sehen, Gehen etc.) verbindet sich oftmals über die Empfindungen der Sinnesorgane mit assoziativen Verknüpfungen aus meiner Lebensgeschichte, die mir über das Realerlebnis hinaus „sinnhaft" erlebbar werden: Der reale Erlebensraum wird zum Symbol, zum szenischen Raum, in dem sich inneres und äußeres Erleben verbindet.

Das innere Erleben und vor allem die affektive Tönung des Erlebens, das zeigt uns der psychotherapeutische Umgang mit Gegenstands- und Bewegungserfahrung überdeutlich, ist jedoch bewußt und unbewußt geprägt von allen Vor-Erfahrungen, die bisher unser Selbsterleben prägten. So ist es nicht weiter verwunderlich, wie subjektive Erfahrungen am Labyrinth lebensgeschichtlich geprägt sind: Sind meine Versuche der Welterfahrung positiv getönt und von meinen Bezugspersonen gefördert worden, wird auch im Hier und Jetzt meine Wahrnehmung den Sinneseindruck „Labyrinth" positiver getönt erfassen – Sinneseindruck und die Reaktivierung guter alter Erfahrungen lassen mich auf dieses „Ding" leicht und neugierig zugehen.

Doch manche Menschen zögern, bringen kein über das intellektuelle Erfassen hinausgehendes Interesse auf, verharren in der Distanz, lassen sich nicht erfassen und anregen, behalten (das Erleben einengende) Kontrolle in der Situation, und doch werden auch hier sehr wahrscheinlich Erinnerung und damit verbundene Affekte wiederbelebt: Oft wurde Menschen ihre Neugier entwertet, Interesse nicht bestätigt, kindliche und jugendliche Zugänge zur Welt verleidet. Was bleibt, ist die Vermeidung dieser Affekte – und damit auch all jener Situationen, in denen sich Altes (Neugier und schmerzhafte Erinnerung an negative Reaktionen) re-aktivieren kann. So wird, ob wir wollen oder nicht, Labyrinthisches immer zur Selbsterfahrung, die wir übergehen oder auch nutzen können.

LABYRINTH ALS WEG ZUR SELBST-ERFAHRUNG UND THERAPEUTISCHES MEDIUM

So wie uns das Kind im ersten Abschnitt zeigt, kann uns das Labyrinth Anlaß zur erweiterten Selbst-Erfahrung bieten oder auch unter fachkundiger Anleitung therapeutisches Medium werden: Im

Falle der Selbsterfahrung geht es vor allem um die Herstellung eines wertfreien Erfahrungsraumes, in dem neue, persönlichkeitserweiternde Erlebnisräume geöffnet werden: Sinnliche Erfahrung regt zur vertieften Körperwahrnehmung im Labyrinthweg an und schärft unsere Sinne für die umgebende Welt; ich kann mich in spannenden, aufregenden Situationen der nahen und fernen Bezogenheit zum Zentrum, zum Ein- und Ausgang, zu anderen Personen im Labyrinth wiederfinden, erleben und (bewußt und unbewußt) gestalten. Der Weg des Labyrinths kann mir sinnhaft-symbolisch Momente meines Lebensweges vor Augen führen und zu Momenten des Erstaunens, zum Berührtwerden durch Unbekanntes führen. In der Reflexion mit anderen Menschen können Eindrücke vertieft und weiter differenziert werden. So entsteht ein ressourcenorientierter, persönlichkeitserweiternder Raum mit – man könnte sagen – psychagogischer Wirkung: eine Lernerfahrung mit Körper, Geist und Seele, die uns „animiert", beseelt und bereichert.

Labyrinth-Erfahrung kann aber auch an Konflikthaftes, Hemmung, Angst heranführen. Ein Labyrinthbesucher in einer therapeutischen Gruppe beschreibt: „Zuerst hat mich dieses Ding angezogen. Doch kaum war ich am Eingang, überkam mich ein merkwürdiges, fast unheimliches Gefühl: Obwohl ich genau sah, daß keine Gefahr bestand, nicht mehr herauszukommen – ich konnte ja die ganzen Situationen überblicken –, war ich mir, so verrückt das klingt, nicht sicher, ob ich den Weg wohl herausfinden werde. Ich bin dann mit meiner Frau gemeinsam gegangen; das war ein toller Moment, als wir in der Mitte innegehalten haben, ganz nah, weil ja wenig Raum war und wir die Wendung zum Ausgang nahmen!"

Wir können aus dem Erlebten hören, wie positive und konflikthafte Momente knapp beieinanderstehen. Erst im vertiefenden Gespräch wird dem Labyrinthbesucher deutlich, wie sehr er sich auch sonst gehemmt fühlt, alleine Schritte in seinem Leben zu unternehmen, die Stützung seiner Frau sucht und braucht. Als er sich die Szene noch einmal vor Augen führt, in der er sich wohl und geborgen in der Mitte des Kreises fühlt, erinnert er sich plötzlich schmerzhaft, wie wenig Unterstützung er von seiner Mutter hatte, wenn es darum ging, hinaus ins Leben zu gehen, geschweige denn von seinem Vater ermutigt wurde, eigene Wege zu finden, sondern aggressiv-zwingend von ihm angehalten wurde, „brav und ordentlich" („Was sollen die Leute von uns denken?!") Normen einzuhalten.

Therapeutisch genutzt oder nicht: Labyrintherfahrung kann man allein oder in der Gruppe machen.

So wird in diesem Moment die reale Labyrintherfahrung über die sinnliche Erfahrung hinaus mit defizitären, beschämenden und traumatischen Lebenserfahrungen in Beziehung gebracht und angereichert. Indem diese Erlebnisse bewußt werden, können sie jetzt in der Gegenwart in vertrautem und geschütztem therapeutischen Raum bewußt erlebt und ausgesprochen werden. Damit werden die als Kind erlebten negativen Gefühle, die in der Labyrinthbegehung erneut deutlich wurden und die jetzige Lebenshaltung und -gestaltung mitprägen, besser verstehbar, distanzierbar und können neu und weniger ängstigend gedanklich eingeordnet werden. Zugleich gelingt eine korrigierende Erfahrung: Jetzt ist es möglich, mit der Lebenspartnerin bessere, stützende Erfahrungen zu machen, nicht weiter in der Angst und Hemmung zwingend verweilen zu müssen.

Das Bild regt den Labyrinthbesucher an, über weitere wichtige Verhaltensweisen und kommende Situationen in seinem Leben nachzudenken: Wo wird es wichtig sein, mehr und mehr eigene Schritte (etwa in der Arbeitswelt) zu setzen, wo und wie möchte er die Beziehung auch zu anderen Menschen festigen, um nicht allzusehr auf seine Frau angewiesen zu sein, wie kann er Nähe und Distanzwünsche in seiner Beziehung besser gestalten?

Anregungen zum selbstbewussten Umgang mit dem Labyrinth

Die vorausgehende Beschreibung einer eher konflikthaft erlebten Labyrinthbegehung soll uns weder dazu anregen noch abhalten, eigene Erfahrungen am Labyrinth zu suchen. Je nach Lebensabschnitt, Tagesverfassung und momentaner „Gestimmtheit" werden wir angenehmes, anregendes oder eher gemischtes Erleben entwickeln oder auch „gar nichts Besonderes" im Wandeln bemerken; und doch helfen einige Elemente, die Selbstwahrnehmung zu unterstützen.

* Machen Sie sich „erfahrbereit": Richten Sie Ihre Aufmerksamkeit in der Begegnung mit dem Labyrinth zugleich auf das äußere und innere Erleben. Geben Sie spontan Ihrer Bewegungslust im Gehen nach und gehen Sie Ihren Einfällen und Assoziationen nach.

* Seien Sie wertschätzend (interessiert/neugierig/nicht wertend) mit Ihrem Erleben, Gedanken, Einfällen. Oft zeigt sich der „Sinn" (so einer verborgen ist) erst später oder im wiederholten Tun desselben Vorganges.

* Lassen Sie sich Zeit! Das seelische Empfinden muß das körperliche Tun in der Labyrinthbegehung erst einholen. Ein Einstiegsangebot: „Ich gehe heute so durchs Labyrinth (so schnell/langsam) wie es mir (seelisch) gerade geht…"

* Teilen Sie Ihre Erfahrungen mit anderen LabyrinthbesucherInnen, besonders unter Beachtung von Punkt zwei. Jede Erfahrung gilt, sei sie aus dem sinnlichen Erleben im Moment gespeist, mit alten Erfahrungen unterfüttert oder auch in Momenten, die uns auf Weiteres, Überpersönliches in der Labyrintherfahrung verweisen.

Vorsicht bei Bedeutungsgebung und Spekulation

Nachdenken über psychische Wirkung von Erleben im Labyrinth heißt immer, von der subjektiven Erfahrung auszugehen und dabei zu bleiben. Hüten wir uns vor Bedeutungsgebung jenseits des subjektiven Erfahrungsraumes, denn damit betreten wir andere Felder. Manche Menschen berichten von transpersönlichen/spirituellen Erfahrungen im Labyrinth, auch der Einsatz im sakralen Raum bietet jenseits des Erlebens Anlaß zur Bedeutungsgebung und Spekulation. Dies ist aus psychologisch-psychotherapeutischer Sicht wertzuschätzen und zu respektieren. Solche Erfahrungen jedoch induzieren zu wollen und zum zentralen Ziel des Umgangs mit dem Labyrinth zu machen, öffnet den Weg zum esoterischen Konstrukt, dessen Gefahr in einer letztlich latenten Abhängigkeit zu esoterisch-übersinnlichen Erklärungsmustern besteht und damit schwächendes, abhängigkeitsorientiertes Verhalten fördert.

Der Einsatz des Labyrinths im pädagogisch-therapeutischen Bereich sollte eigens ausgebildeten Experten vorbehalten bleiben. Bei guter Begleitung werden grundsätzliche menschliche Antriebe angeregt und dem Erleben selbstbereichernd zur Verfügung gestellt. So wird, wie in den Beispielen dargestellt, ein weiter Handlungs- und Erfahrungsraum für Menschen jeden Alters und soziokulturellen Hintergrundes geöffnet, der auch heilsame Wirkung haben kann.

Literaturhinweise:

Seewald J., Leib und Symbol, München 1992
Winnicott D. W., Vom Spiel zur Kreativität, Stuttgart 1985
Pokorny V., Hochgerner M. u. a., Konzentrative Bewegungstherapie, Wien 2001
Hochgerner M., Wildberger E., Frühe Schädigungen – Späte Störungen, Wien 1998
Gräff Ch., Konzentrative Bewegungstherapie, Stuttgart 2000

Voré

Möglichkeiten der Transformation
Die Labyrinth-Idee in der zeitgenössischen Kunst

Die These mag in diesem Zusammenhang ketzerisch klingen: Es ist die Pflicht der Künstler, stets neue Formen zu finden, auch für scheinbar ewig gleichbleibende Inhalte. „Die Kunst zu wandeln", das Thema ist ambivalent, es kann sowohl auf die Bewegung der „Benutzer" bezogen werden als auch auf den Wandel des Labyrinths in Form und Verständnis im Laufe der Jahrtausende. Sicherlich lassen sich wissenschaftliche Positionen einnehmen, bei denen Kategorien wie Ur-Labyrinth bzw. kretischer Typ, Irrgarten und andere labyrinthische Erscheinungen streng gegeneinander abgegrenzt und dabei unterschiedliche Arten von Form, Verständnis und Nutzung beschrieben werden. Selbstverständlich lassen sich Formvorstellungen zum Labyrinthischen und zum Labyrinth festschreiben und im vergleichenden Gegeneinander die im strengen Sinne *unpassenden* Formen ausgrenzen.

Wir können aber auch die Frage stellen, ob „das Labyrinthische" und seine Darstellung sich nicht ändern mußten und weiter ändern müssen mit den Entwicklungen und Wandlungen der menschlichen Existenz, den Lebensbedingungen und dem jeweiligen Bewußtseinsstand. Unter diesem Aspekt wäre zu untersuchen, welche Formen dem magischen, dem mythischen, dem rationalen Bewußtsein entsprechen, und vor allem wäre Ausschau zu halten nach dem, was unter den heutigen Bedingungen – für Menschen mit arationalem Bewußtsein (nach dem Schweizer Philosophen Jean Gebser) – die Metapher weitertragen könnte.

Gegenüber den vergangenen Epochen sind *feste Werte* ins Wanken geraten oder ganz verlorengegangen. Der *Verlust der Mitte*, der scheinbar verläßlichen Wegmarken und Richtungsweiser kann beklagt werden. Er kann aber auch verstanden werden als Gewinn von Freiheit für eigene Entscheidungen mit größerer Selbstverantwortung und als Anstoß zu mehr Beweglichkeit im Denken und Handeln, um der Komplexität unseres heutigen Daseins gerecht zu werden.

Für die Kulturschaffenden eröffnet die kreative Freiheit mit dem gestalterischen Forscher- und Erfindungsdrang ein unendliches Spek-

Werner Pokorny arbeitet häufig mit der Spiralform. Er gehört zu den Künstlern in Vorés Labyrinthprojekt (1. Tag, siehe Seite 106).

trum an Ausformungsmöglichkeiten auch überkommener Zeichen und Inhalte. Der Innovationstrieb der KünstlerInnen in Einheit mit der Veränderung unserer Begriffsdefinitionen und auch mit der Erweiterung der darstellungstechnischen Möglichkeiten der Neuen Medien führt zu neuen Gestaltungskonzepten, die bis dahin undenkbar und unvorstellbar gewesen wären. Tradierte Begriffe, ihre Bedeutung und ihre gestalterische Umsetzung werden untersucht auf ihre verbleibende Gültigkeit, dann aber auf Varianten und Alternativen, die dem derzeitigen künstlerischen Anspruch entsprechen können. Allerdings geht dabei das allgemeine Verständnis und damit eine kollektive Akzeptanz erst einmal verloren – entsprechend der Situation in allen Sparten der zeitgenössischen Kunst – und muß im Laufe der Zeit mühsam erarbeitet werden.

Anfang der achtziger Jahre habe ich mit der Wünschelrute einige Erfahrung gesammelt. Die sinnliche Wahrnehmung dessen, was Erdstrahlung für Menschen fühlbar machen kann, durch den ganzen Körper hindurch, fiel eher zufällig mit der ersten Beschäftigung mit Labyrinthen zusammen. Als Kultstätte werden diese auch mit Plätzen in Verbindung gebracht, von denen besondere Kräfte ausgehen. Zeichen und Symbolfiguren, die über Jahrtausende hinweg die menschlichen Kulturen begleitet haben, sind zentrale Themen in meiner Arbeit. Das Labyrinthische mit seiner magischen, mythischen und religiösen Vergangenheit, der erwarteten *Besonderheit des Ortes* und der bis heute spürbaren Verankerung in unserem Bewußtsein fordert mich heraus zur Untersuchung von Möglichkeiten der Transformation in eine zeitgenössische künstlerisch relevante Form.

Hermann Kerns Werk „Labyrinthe" und seine kritische Auseinandersetzung mit den heutigen künstlerischen Formen, in denen er zumeist Plagiate historischer Darstellungen sieht, war ein weiterer Anstoß zur intensiven Beschäftigung mit der Thematik.

Ein Kunstprojekt der Vielfalt und Dynamik

Was *Leben* als Hintergrund für das Symbol *Labyrinth* in unserer Zeit an perspektivischer Vielfalt bietet, an wechselnder Dynamik, an Widersprüchen und an inhaltlicher Dichte, bedingt Konsequenzen in der gestalterischen Umsetzung.

Mit dem noch nicht realisierten Projekt „labyrinth.e" will ich eine Möglichkeit aufzeigen, wie der Anspruch auf eine komplexe, weit gefaßte und gleichzeitig differenzierte Darstellung eingelöst werden könnte. Die klassischen Regeln der Einheit von Zeit, Ort und Handlung sind in ihr Gegenteil verkehrt. Somit fordert der Entwurf eine Moderatorin oder einen Moderator, der den GestalterInnen der unterschiedlichen Beiträge größtmögliche Freiheiten läßt und ihnen im Bewußtsein der Zusammenhänge doch den Platz und die Zeit zuweist, die im Gesamtgeschehen einen Sinn machen. Ort und Verlauf des Geschehens verlangen die Weitläufigkeit, die dem Auge den kontrollierenden Überblick entzieht und den Rezipienten körperlich und geistig Mobilität und Engagement abverlangt. Ein Stadtprojekt mit der räumlichen und gesellschaftlichen Integration der lokalen und importierter Ressourcen wird zum Ziel. Die Summe der unterschiedlichen Projektelemente verweist auf die Kompliziertheit unserer Abhängigkeiten und Lebensbedingungen, das fokussierte Detail läßt Raum und Zeit für ausführliche Betrachtung, intensive Erfahrung und Kontemplation.

Das Konzept geht aus von der gesellschaftlichen Abkehr vom Kollektiv in unserer westlichen Welt, von der Entwicklung und Neigung zur Vereinzelung und der Idealisierung von purer Individualität. „labyrinth.e" will die vielgestaltigen Bausteine individueller Lebens- und Weltanschauungen genauso wie die des individuellen Symbolverständnisses, seiner Interpretationen und Gestaltungen in einen eigenen Zusammenhang bringen. Es will Einstiegsmöglichkeiten bieten in die verschiedenen Gestaltungs-, Bedeutungs- und Praxisebenen in einer integrativen, interdisziplinären und sozio-kulturellen Veranstaltung, wobei künstlerische, wissenschaftliche und profane Ereignisse integriert werden, strikt zusammengehalten vom inhaltlichen Faden.

Der sozio-kulturelle Aspekt ist eine Folge der Komplexität der Inhalte mit ihrer Verknüpfung zum realen Leben mit den substantiellen Fragen, die mit Geburt und Tod hineinragen in ethische und medizinische Bereiche. Gängiger Sprachgebrauch führt uns in die Erinnerung an Geschichte im trivialen, mythologischen, religiösen und im kunsthistorischen Bereich.

Bei der Suche nach Möglichkeiten zur Selbstfindung rückt die Kraft magischer Zeichen, Orte und Rituale wieder ins Gesichtsfeld. Neugierde um Ursprünge und Ursachen konfrontiert uns mit wissenschaftlichen Forschungen und Thesen. Der Spieltrieb zieht in vielfältigen Formen Spannung und Lustgewinn aus einem säkularisierten

Voré: „Baustelle, labyrinthisch: Bauleitung", Ausschnitt (siehe auch S. 120)

Labyrinthsymbol. Hier liegen auch Ansatzmöglichkeiten, Kunstvermittlung und Kulturarbeit zu betreiben durch die Ansprache und aktive Beteiligung von wesentlichen Teilen einer breiten Bevölkerung in Gruppen mit unterschiedlichen Interessen und Zielsetzungen über Kindergärten, Schulen, Ausländerorganisationen, verschiedenartige Vereine, Kirchen etc. Die Anknüpfungspunkte sind vielfältig, ergeben ein facettenreiches Gesamtbild und eine gesteigerte Akzeptanz mit einem besonderen kulturellen „Profit".

Die Idee des „Stadtlabyrinths" ist nicht neu. Seit dem Mittelalter erscheinen Jericho, Jerusalem und andere nicht näher bezeichnete Städtebilder im Zusammenhang mit Labyrinthen. Neu ist bei diesem Projekt die Übertragung der Labyrinth-Idee auf eine wirkliche und lebendige Stadt mit ihrer urbanen, sozialen, historischen und kulturellen Struktur; neu ist sicher die Zusammenführung der verschiedenen gesellschaftlichen Gruppen und Intentionen in einem gemeinsamen und komplexen Veranstaltungspaket und innovativ ist schließlich die Labyrinth-Interpretation als permanente Baustelle, in der Teile entstehen und sich weiterentwickeln, andere Elemente wieder zerfallen oder ab- und umgebaut werden als Symbol für eine Welt der schnellen Veränderungen, der Unsicherheit und der Hoffnung. Die labyrinthische Baustelle als Prinzip führt weiter im Sinne innovativer künstlerischer Konzepte zum

Thema „Labyrinth". Sie enthält auch und vor allem die Möglichkeit zur Integration unterschiedlicher, auch gegensätzlicher Gestaltungselemente. Zwei themenimmanente Leitlinien bieten sich an: Zum einen die Entwicklungsfolge labyrinthischer Formerscheinungen, von der Spirale über das Ur-Labyrinth bzw. den kretischen Typ und den Irrgarten mit deren Varianten bis zu den neuen zeitgenössischen Entwürfen als chronologische Ordnung. Zum anderen die inhaltliche Linie des Lebensverlaufs von der Geburt bis zum Tod mit der Frage nach der Initiation oder Wiedergeburt. Der Projektplan will beide Komponenten zusammenbringen in der Abfolge der Installationen, der Ereignisse und der Veranstaltungen.

Das Basiskonzept von „labyrinth.e" ist variabel umsetzbar, abhängig von den jeweils gegebenen örtlichen organisatorischen, kulturellen und wirtschaftlichen Bedingungen. Es kann als lokale, als regionale und als grenzüberschreitende Veranstaltung ausgebaut und organisiert werden. Das heißt, daß das Projekt in einer Kommune alleine, in einem Verbund von Gemeinden in einer überschaubaren Region oder auch in internationaler weltweiter Zusammenarbeit realisiert werden kann. Bei einer regionalen oder grenzüberschreitenden Erweiterung auf mehrere Kommunen ließen sich diese als Erscheinungsorte definieren in einem weitläufigen oder gar weltumspannenden virtuellen Labyrinth, das an eben diesen Orten sich real darstellte. Dabei wäre die jeweils lokale Ausgestaltung bestimmt durch die Ausdrucksmittel, die durch die geographische Lage und den damit vorgegebenen kulturellen und mentalen Hintergrund wesentlich beeinflußt sind. Die Planung und Koordination der jeweils ortsspezifischen Ereignisse und ihre Vermittlung an alle anderen Beteiligten muß übergreifend moderiert, technisch abgesichert und dem Grundmotiv „Baustelle" entsprechend umgesetzt und eingehalten werden. Das bedeutet, daß Installationen, Ausstellungsobjekte und Ereignisse nicht einfach aufgereiht verharren. Ein komplexer Verlaufsplan stellt sicher, daß die Auf-, Ab- und Umbauten, Aktionen, Performances, Informationsveranstaltungen und die medialen Einspielungen das Projekt zu einer virtuellen und kulturellen Baustelle machen mit wechselnden Schwerpunkten und Akteuren.

Die Version, die hier beschrieben wird, ist als lokales Projekt bezogen auf eine überschaubare Stadt mit etwa 40.000 Einwohnern und

Zu sehr freien Formen, ins Dreidimensionale weitergedacht, inspiriert die Labyrinthstruktur auch den Feuerkünstler Gebhard Schatz (1. Tag, siehe Seite 107).

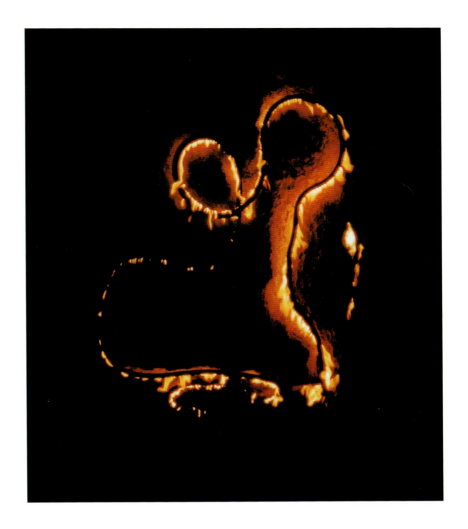

begrenzt durch einen vorgezeichneten finanziellen Rahmen. Dieser verlangt, daß die Planung und Ausgestaltung sich konzentriert auf eine Ereignislinie quer durch die Stadt als *Ariadnefaden*. Die Unsicherheiten und Brüche in unseren Lebensbedingungen und deren Hintergründen lassen keine verläßlich durchgängige Linie zu; vielmehr ist der Faden an etlichen Stellen zerfasert und gerissen. Der Allmacht der eingängig konsumierbaren Bilder der Massenmedien werden Interventionen und Aktionen im realen Lebensraum entgegengesetzt. Die Konfrontation muß zwangsläufig zu Auseinandersetzungen führen. Und diese werden gefördert durch die *Unterwanderung* der lokalen Institutionen durch die Thematik und die Verlagerung von *Anstößen* in den urbanen Raum, in die öffentlichen Gebäude, in Passagen und Schaufenster, auf Straßen, Plätze und in die Anlagen.

Bei den Recherchen stellte sich heraus, daß die gestalterische Beschäftigung mit dem Labyrinthischen weit und weltweit verbreitet ist. Dabei ist es sicher nur die Spitze des Eisbergs, die sich von dieser Stelle aus und zu gerade diesem Zeitpunkt erkennen läßt. Eine außerordentliche Vielfalt an individuellen Interpretationen zeigt sich quer durch die künstlerischen Disziplinen und es erscheint schier unmöglich, aus der Materialsammlung eine Wahl zu treffen, die den Künstlerinnen und Künstlern, die sich mit der Thematik beschäftigen, gerecht wird. Schließlich fordert die Dokumentation in diesem Kapitel noch weitere Beschränkung, sodaß die vorgestellten Beispiele nur stellvertretend sein können.

Der erste Tag

Eine Parkanlage mit Quellen und einem Bachlauf am Rande der Stadt ist idealer Ausgangspunkt für das Geschehen. Der Platz wird dominiert von einer monumentalen Stahl-Plastik des Bildhauers *Werner Pokorny (D)*, der mehrfach Spiralen bearbeitet hat, die in Hausformen einmünden. Zur Eröffnung des Projekts strömen gegen Abend Hunderte von weiß gekleideten Kindergarten-Kindern von allen Seiten auf den Platz, schließen sich zusammen zu einer Reihe und führen einen Reigen aus nach dem Rhythmus von Trommlergruppen, die um den Tanzplatz postiert sind. Spiralförmig bewegen sie sich zur Mitte mit der Skulptur, drehen durch die Haus-Silhouette der Plastik und kommen als Doppelspirale wieder heraus. Griechische Tanzgruppen nehmen die Aktion auf mit Choreographien, die sich an den Kranichtanz anlehnen, der auch als Tanz des Theseus mit den kretischen Geiseln oder als Tanz der Planeten interpretiert wurde. In diese Aktion hinein entwickelt sich schließlich eine Performance, in der verschiedene Elemente der Mythologie aufgegriffen und ineinander verschmolzen sind: In den Brennpunkten eines weiten Ovals zelebrieren eine Tänzerin und ein Tänzer ihre Geburt, nähern sich einander zu einer erotischen Vereinigung. Sieben Knaben und sieben Mädchen werden diagonal über den Platz geführt durch die Passage der Skulptur, werden dahinter in gleicher Linie wieder aus dem Feld getragen von Lastenträgern – wie totes Material. Ein blinder Sänger sucht seinen Weg auf dem Terrain, ortet Wände, Durchgänge und Barrieren. Ein Trupp Bauarbeiter errichtet hastig Mauern, reißt sie wieder ein, um sie an neuem

Madeleine Dietz: „Irrgarten"

Ort und in neuer Formation wieder zu errichten, einzureißen und wieder zu errichten. Unterdessen und inmitten der Geschäftigkeiten thematisiert die Tanzperformance den Kampf der Geschlechter in wechselnder Dynamik. Heftige Ausbrüche mit emotionaler Gewalt stehen gegen artifiziell geometrisch konstruierte und gegen zäh und wie in Zeitlupe laufende Annäherungen und Begegnungen. Einige Kinder schleppen – von den Agierenden unbeachtet – ein Stück *Ariadnefaden* mitten durch das Aktionsfeld, lassen die allzu schwere Last schließlich fallen.

Dies geschieht genau an der Stelle, an der *Gebhard Schatz (A)* seine Feuerlinie entfacht, die aus dem Terrain läuft und die Richtung des Verlaufs der Installationen aufnimmt. Die Tanzperformance ritualisiert Altern und Tod, die Arbeiter bauen, die akustische Komposition über den Ereignissen endet in einem Ton, der sich mit der Feuerlinie im Dunkeln verliert.

Im benachbarten Schulzentrum schließt sich eine Veranstaltung an, in der zwischen Vertreterinnen und Vertretern aus der Biologie, dem Rechtswesen, der Medizin, Theologie und Philosophie eine Podiumsdiskussion geführt wird. Es geht um zentrale ethisch-moralische Fragen zur künstlichen Befruchtung, zu Gen-Manipulation, Klonen und aktuellen Forschungsvorhaben in den Bereichen Zeugung und Geburt, um den Beginn von Leben.

Der zweite Tag

In den Schulen gestalten Projektgruppen verschiedener Altersstufen „Labyrinthisches" im Fach Bildende Kunst mit grenzenlosem Freiraum für ihre Phantasie. Alte Mythen und neuere Schriften wie z. B. von *Jorge Luis Borges (Arg)* werden im Literatur-Unterricht bearbeitet. In der Geographie werden die Regionen erforscht und zusammengetragen, an denen labyrinthische Formen erwähnt oder gefunden wurden. Sämtliche Ergebnisse werden im Laufe der Projekttage öffentlich gemacht.

Madeleine Dietz und Bernhard Garbert installieren ihre Arbeiten nach dem Plan, der vom Park durch die Stadt führt. Ihre Spiralen verweisen auf ganz unterschiedliche Charakteristika und Erlebnisqualitäten beim Begehen.

Madeleine Dietz (D) beschreibt ihre Spirale aus 12 Elementen so: „Stahlhohlkörper bilden einen in Form einer Spirale aufgebauten ein Meter hohen Gang. Am Ende dieses Spiralganges bzw. im Mittelpunkt der Installation steht eine Mauer aus geschichteter Erde. Ausgetrockneter Boden, verdörrtes Land, Stück um Stück übereinander gelegt, bis es eben zu einer Begrenzung wird. Hier geht es nicht weiter! Man muß wieder zurück, Enttäuschung darüber, was man nun nicht erwartet hat. Im Mittelpunkt ausgetrocknete Erde, keine Pflanzen, kein Blühen, ein Irrgarten, kein Garten eben. Anscheinende Verneinung von Leben, doch gibt es den Verweis auf vorhandene Möglichkeiten. Die Erde ist nicht gebrannt, im Freien dem Regen ausgesetzt würde sie sich verändern, könnte durchaus ein Pflanzbeet werden. Der Mensch selbst steht im Mittelpunkt dieses Lebens, ist selbst ein Teil dieser Spirale. Dreht sich um sich selbst, kehrt immer wieder an den Ausgangspunkt zurück. An ihm liegt es die Grenzen zu verändern, durch ihn finden die notwendigen lebensbestimmenden Eingriffe statt. Er selbst ist Teil eines Ganzen und gleichzeitig notwendiges Individuum. Er braucht Nähe und Distanz und gleichzeitig das Recht, sich dem allen zu verweigern."

Das Konstruktionsprinzip einer doppelläufigen Spirale führt den Betrachter von der einen Seite in die transparente Skulptur aus weißen Textilverspannungen hinein und zur anderen Seite wieder hinaus. Mit der Passage intendiert *Bernhard Garbert (D)* den Nachvollzug des Verdichtungsprozesses, den die Skulptur durch schichtweise

Bernhard Garberts Beitrag zur Ausstellung „Iki durum" in Istanbul, eine begehbare doppelläufige Spirale

Überlagerung bewirkt. Für die Außenwelt verschwindet der Gehende mehr und mehr und schließlich völlig im Innern der Spirale, um dann wieder langsam in Erscheinung zu treten. Der Gehende sondert sich mehr und mehr von der Außenwelt ab, bis er ganz mit sich alleine ist, und erreicht sie dann wieder Schritt für Schritt aus der Ummantelung heraus.

Einen Überblick über die Geschichte des Labyrinths von seinen Ursprüngen bis heute vermittelt die Autorin *Ilse M. Seifried M.A. (A)* einem breiten Publikum, durch intensive Informationsarbeit in Presse und Rundfunk unterstützt und weit in die Öffentlichkeit getragen. Diese Veranstaltung ist gleichzeitig Eröffnung einer internationalen Labyrinthtagung, die eine vielschichtige zeitgenössische Praxis im Zusammenhang mit Labyrinthen thematisiert.

Konrad Loder (F) baut eines seiner dreidimensional spiralig-mäandernden Objekte um eine langgestreckte Stützmauer auf. Die bewegliche Eisenplastik ergibt zusammengeklappt in eine Ebene ein zwölfgängiges Ur-Labyrinth, dessen Abdruck, in Beton gegossen, der Installation zugeordnet wird. Das Objekt steht hier als Bindeglied zur folgenden Formation von Arbeiten zum Labyrinth des kretischen Typs und dem Ariadnefaden.

Der dritte Tag

Petra Kurze (D) nimmt den Faden auf und führt den Besucher weiter durch grell orangefarbene Seilstücke – Ariadnes gerissener Faden –, dessen Fragmente an Häusern hängen, um Ecken lugen und aus der Kanalisation. Sie liegen im Flußbett und hängen über Straßen, immer auf Sichtweite, sodaß die Zusammenhänge im Gehen wiederhergestellt werden können.
Teres Wydler (CH) verbindet in ihren Licht-Installationen, wie sie selbst sagt, „Formen und Fragmente des Labyrinths mit Formeln und Gleichungen der neueren Physik. Das archetypische Labyrinth zeigt eine klare Form, in der man sich verlieren kann. Im Gegensatz dazu stellt die Formel oder die Gleichung eine komplexe Erscheinung dar, die aber eine klare Definition abgibt. Dieses Bedeutungsspiel fasziniert mich, wenn ich mich an den Schnittstellen von Kunst und Wissenschaft entlangtaste. Die hybriden Zeichen bedeuten ein Umkodieren, das für unsere Zeit relevant ist. Die technische Umsetzung geschieht in Form von Lichtprojektionen im taghellen Raum und in Fotoarbeiten."
Die Arbeit von *Peter F. Strauss (D)* basiert auf der Auseinandersetzung mit paraphysikalischen Kräften. Seine Kunst will Unsichtbares sichtbar machen: „Strauss markiert Wasseradern und Leylinien", schreibt Heinz Schütz, „er akzentuiert den Gegensatz zwischen organischen und geometrischen Linien, z.B. Wasserleitungen und natürlichen Wasseradern oder Wasseradern und Leylinien. Hier wirkt Strauss verändernd auf bestehende energetische Situationen. Schräggestellte Steine, immer wieder kombiniert mit Labyrinthen, dem Symbol der Selbstfindung, dienen dabei als *Spiegel*, die die bestehende Abstrahlung von Wasseradern anheben, neu ausrichten und ihre Polarität umkehren sollen. Wichtiger als ein nachweisbarer Effekt ist hier der Verweis auf ein Denken, das, ehe das naturwissenschaftliche Denken Mensch und Welt dissoziierte, sich einer in sich vermittelten Ganzheit bewußt bleibt, aus der herauszutreten nicht möglich ist. Hier-

Teres Wydler: aus „Iconografic Comics", Weltbild in 4 Akten, Akt 3, permanente Lichtinstallation CS Pfauen, Zürich

Peter F. Strauss: „Labyrinth-Verstärker I"

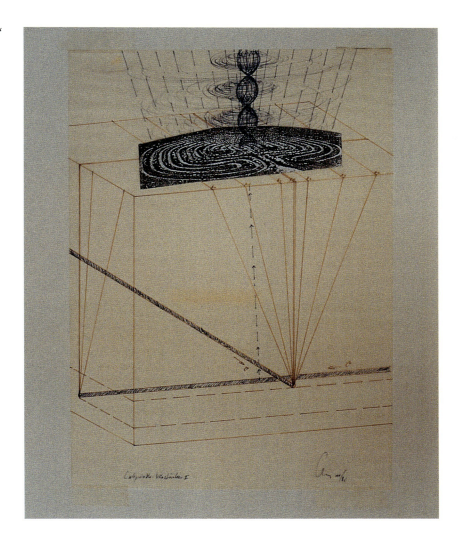

zu gehört nicht zuletzt das in der Geomantie entwickelte Gespür für den ausgezeichneten Ort, wie es sich etwa in der Situierung von Kirchen zeigte. Die Bewahrung der topologischen Sensibilität erhält vor dem Hintergrund der jüngeren, an Orten interessierten Kunstentwicklung ihre spezifische Aktualität."

Eine katholische Gemeinde hat Materialien zum Labyrinth von Chartres in den Kirchenraum integriert. In seiner Ansprache beschreibt der Pfarrer die historische und die aktuelle Bedeutung dieses Werkes, zu dem heute wieder Scharen von Menschen pilgern. Ein Kunsthistoriker zeigt die Verbreitung historischer Kirchen- und Buchlabyrinthe auf und deren inhaltliche und gestalterische Bandbreite. Ein evangelisches Gemeindehaus eröffnet eine Ausstellung, die *Dr. Peter Spielmann* zu *Jan Amos Comenius* eingerichtet hat. Die

Einführung mit einem Vortrag über Leben und Werk des Reformators macht besonders mit dessen Affinität zum Labyrinth als „Labyrinth der Welt und Lusthaus des Herzens" bekannt.

Der vierte Tag

„Sala superiore" nennt *Gerda Schlembach (D)* ihre 10 x 18 Meter große Bodenarbeit aus Positiv- und Negativ-Lithofilmen. Die Arbeit visualisiert „einerseits Aspekte des Labyrinths und andererseits Vernetzungssysteme unserer modernen Zeit… Das, was aus der Ferne als kostbare ‚Marmorintarsie' wahrgenommen wird, enttarnt sich in der Annäherung als Abfallprodukt der Massenmedien… Folgt man den Bildern und hält die vorgegebenen Bahnen ein, erschließen sich – zunächst fast unmerklich – zwei unterschiedliche, elementare Auffassungen von Weg und Zeit. Von außen tritt man ein in eine Struktur, die an die sichtbaren Elemente der Datenvermittlung angelehnt ist und den Bedingungen des kürzesten, kreuzungsfreien Weges folgt, in eine Struktur für ganz singuläre Informationseinheiten – einem Irrgarten ähnlich. Der Sog für das Auge geht aber vom Zentrum aus, das durch seine ausgewogene symmetrische Form lockt. Wir treffen auf eine uralte Metapher des Lebens-Weges: das Labyrinth." (Hendrik Häfel)

Der Komponist *Klaus Hinrich Stahmer (D)* hat mehrere Labyrinthstücke geschrieben. Ein Konzert präsentiert zwei Werke: den 50-Minuten-Zyklus „3 Exerzitien" für einen Schlagzeuger und Orgel und „Ritual / Labyrinth II". Diese „Hommage an Daidalos" entsteht mit „großen Flüssigkeitsbehältern…, Steingut oder gebrannte Erde erinnern an Amphoren aus Knossos, haben ihre Geschichtlichkeit, Spuren früherer Benutzung, Gebrauchsgegenstände. Heute enthalten sie nur noch Luft, ummanteln einen Hohlraum, der als Aerophon zu klingen beginnt, wenn er auf geschickte Art und Weise angeregt wird, wenn man ‚auf seiner Wellenlänge liegt' … nur ein Blasinstrument kommt als Schwingungserzeuger in Frage, ein uraltes Instrument, eine Flöte – eine Flöte des Pan…"

Und weiter der Komponist: „Meine Musik: rituell, in sich ruhend. Raumkonzept wird bestimmt durch die Aufstellung der zwölf Behälter, nimmt Bezug auf den hiervon geschaffenen Raum. Ein Labyrinth auf dem Boden als Exerzitium für die Flötistin, wie in Chartres, wo Spuren im Kathedral-Labyrinth heute noch Zeugnis von

Gerda Schlembach: „Sala superiore"

unzähligen Bußfertigen ablegen, die sich auf den langen Weg zum Mittelpunkt gemacht haben. Zwölfzahl als Symbolum in allen musikalischen Parametern rhythmischer und klanglicher Qualitäten, als Ordnungszahl für Zeitabläufe. Mein Labyrinth in einer Höchstzahl möglicher Symmetrien basiert auf sechs Kreisbahnen – harmonikaler Weg. Ordnung, die hör- und sichtbar wird. Kongruenz visueller und musikalischer Gestaltung."

Andreas Lehner (A) hat einen „Poetisch optischen Parcours" entworfen, der nun errichtet wird und als *Ariadnefaden* entlang der Wegstrecke durch die Stadt verläuft. Diese Installation ergänzt und verdichtet die Wegführung von Petra Kurze mit ihren Seil-Fragmenten und verstärkt den fragilen Ausdruck dieser Linie. „Man könnte auch sagen: ein Leitsystem, dessen Strecke durch gerichtete und fixierte Zielfernrohre definiert ist. Die Stative werden auffällig und leicht zu finden sein. Jedes Fernrohr zeigt a) auf eine architektonische oder natürliche Besonderheit der Wegstrecke und ist b) auf ein weiteres Fernrohr gerichtet, das vor diesem markanten Punkt montiert ist. Im Inneren des Fernrohres, an Stelle des Fadenkreuzes, werden lyrische Texte zeitgenössischer Autoren befestigt, die wiederum Bezug zur besonderen topographischen Gegebenheit nehmen. Die Distanzen zwischen den einzelnen Stationen dieses Parcours betragen, abhängig von der verwendeten Stärke der Optik, zwischen 30 und 300 Meter." (Andreas Lehner)

Die Aktion von *Ilona Plattner (D)* ist in eine kleine gotische Kapelle verlegt, eine intime Zelle mit Plätzen für die Performerin und ein bis

Johannes Pfeiffer: „Annäherung"

zwei Gäste. *Willst du mit mir spielen* ist eine „kaum zu beschreibende, nicht zu erklärende und auf gar keinen Fall zu dokumentierende Jetzt-Zeit-Handlung, hat große Affinität zu Aspekten des Labyrinthgedankens bzw. -bildes, besonders zum Faden der Ariadne. Ausgehend von der Situation des Ver(w)irrtseins (in psychischer und physischer Hinsicht) bietet – *willst du mit mir spielen* – einen Ort bzw. Vorgang der Ent(w)irrung, durch gemeinsames Wahrnehmen und Verhandeln entstehen Ordnung und Sinn. In einer Welt, in der geradezu Dokumentationswut herrscht, entzieht sich – *willst du mit mir spielen* – bewußt allen weiteren Erklärungsversuchen und ist lediglich durch Anwesenheit erfahrbar… Nirgendwo wird mehr als Titel, Ort, Zeit und Anwesenheitsaufforderung bekannt gegeben. Eine wichtige Voraussetzung ist, vorher nichts darüber zu wissen und hinterher darüber zu schweigen." (Ilona Plattner)

An diesem Tag endet die Labyrinthtagung mit einer Sitzung, in der die Ergebnisse öffentlich resümiert werden. Diese Veranstaltung wird in der ganzen Stadt in den Schaufenstern der TV-Geschäfte und den entsprechenden Abteilungen der Kaufhäuser gezeigt. Über die Lauf-

Vom Labyrinth inspiriertes Aquarell von Barbara Hindahl

zeit des Projekts werden dort Programme mit künstlerischen Videoarbeiten zur Labyrinth-Thematik und Informationen zum laufenden Projekt angeboten. Ein öffentlicher Vortrag von *Prof. Dr. Samuel Laeuchli (CH)* über „Das Labyrinth als Medium in der Psychologie und Psychotherapie" beschließt den Tag.

In mehreren Gassen und Straßen sind die ganze Zeit schon Johannes Pfeiffer und Barbara Hindahl bei der Arbeit. Durch ihre Eingriffe machen sie die Stadt selbst als labyrinthisches System sinnlich erfahrbar. *Johannes Pfeiffer (I)* errichtet Mauern und Blockaden aus Ziegelsteinen, die Gassen und Straßen versperren: „Blockaden sind eigentlich Leitlinien in ihrer umgekehrt funktionierenden Form und Leitlinien sind Blockaden in ihrer umgekehrt funktionierenden Form. Die Blockade verändert die Richtung meines Weges durch Verhinderung der eingeschlagenen Richtung", erläutert der Künstler, und führt „zu einer neuen Situation, bei der ich meinen Weg mit meinem Ziel neu abstimmen muß. Das kann zu einer Veränderung des Weges führen, aber auch zu einer Veränderung des Ziels. Bei jeder Blockade muß ich neu entscheiden… In der konkreten Projektsituation kommt dazu, daß ich die Blockade aus Ziegeln verändern kann. Ich kann die Ziegel einzeln an eine andere Stelle bewegen und somit meinen Weg freilegen und damit aber eine Blockade für andere errichten."

Der fünfte Tag

Barbara Hindahl (D) manipuliert Zebrastreifen in der Verkehrsführung auf verschiedene Weise. Mit den Worten der Künstlerin: „Zebrastreifen I: Straßenmarkierungen sind ein sehr stark vertretenes Leitsystem im Verkehr. Sie führen auf dem direktesten Weg zum Ziel, sie bestimmen den Weg. Auf städtischen Straßen tastet man sich von einem Zeichen zum nächsten. Diese Arbeit erschließt sich von einem ideellen Punkt aus. Von dort aus sieht man Straßenmarkierungen eines Fußgängerüberganges, die Markierungen, vor denen die Autos halten, die Mittellinie. Die Straßenmarkierungen sind original groß, der Zebrastreifen schmaler als gewöhnlich. Vom ideellen Punkt aus gesehen, legt sich diese Zeichnung wie ein Netz über einen quasi beliebigen Ausschnitt von Straße, Radweg, Gehweg und Hausmauer. In der Abweichung vom ideellen Punkt wird

der Zebrastreifen absurd, wird zur weichen Form, klettert über Straßen und an der Hauswand hoch. Die jetzt schiefen Winkel und verzogenen Flächen bilden ein Feld mit eigenem Charakter, in dem man sich bewegen kann. Labyrinth bedeutet hier: den Weg verlieren, falsch geleitet sein, im Zeichen den Raum erleben. Ein Teil der Zeichen befindet sich auf der Fahrbahn. Dieser Teil tritt beiläufig mit schon vorhandenen Markierungen in Beziehung.
Zebrastreifen II – Labyrinth: Zwei Zebrastreifen einer Kreuzung werden zu einem Labyrinth verlängert und über dieses verbunden. Die Arbeit stört die gewohnte Leitfunktion des Zebrastreifens an dieser Stelle. Der gewohnte Ort rückt wieder ins Bewußtsein, indem der Zebrastreifen Teil eines Ornamentes oder eines Spielplanes wird."
Dieser Abschnitt des Projekts ist den Labyrinthspielen gewidmet. Der Wahrnehmungspsychologe und Spiele-Autor *Prof. Dr. Max Kobbert (D)* referiert über Entwicklungen im Bereich der Labyrinthspiele und stellt seine eigenen Erfindungen dazu praktisch vor. Für Kinder- und Jugendgruppen wurden Stadtspiele konzipiert, die mit wechselnden Zielnennungen labyrinthisch und in Irrgängen parallel

Timm Ulrichs: „Oberwelt und Unterwelt". Ein unterirdisch linear zusammenhängendes Gangsystem (Bild links) ist oberirdisch (rechts) nur mehr punktuell zu erleben.

zueinander die Stadt durchstreifen, immer wieder orientiert an den Installationen des Projekts.

DER SECHSTE TAG

Timm Ulrichs (D) hat sich vielfach mit labyrinthischen Formen und Inhalten auseinandergesetzt. Eine Version, die hier aufgenommen wird, verbindet zwei Ebenen mit ganz unterschiedlicher Anmutung. Den von oben sichtbaren punktuellen Einstiegen entspricht unterirdisch ein lineares zusammenhängendes Gangsystem. Wer sich einläßt auf eine Begehung, erlebt gleichzeitig den Wandel und die Deckungsgleichheit der Gestaltung.

Von mehreren Künstlerinnen und Künstlern wird das Schachspiel als labyrinthischer Aktion interpretiert. *Harald Smykla (GB)* baut auf dem Wochenmarkt einen Stand auf mit einer großen Schachbrettkonstruktion. „Ausgewählte Sorten von Obst und Gemüsen repräsentieren Schachfiguren. ‚Kunden' können einen Teil der Ware erwerben, indem sie mit dem Standinhaber Schach spielen. Die

Harald Smykla: das Schachspiel als labyrinthische Aktion

Regeln über die Besitzverhältnisse der geschlagenen Figuren ändern sich alle 15 Minuten, um den Warenerwerb auch vollkommen unerfahrenen Spielern zu garantieren. Die Interaktion zwischen Standinhaber und Kunden basiert auf Zeit, nicht Geld als gültigem Zahlungsmittel." (Harald Smykla)

In der Stadtbibliothek geben zwei Veranstaltungen Einblick in literarische Auseinandersetzungen mit dem Labyrinthischen. *Rolf Schönlau (D)* konzipierte ein „Virtuelles Labyrinth oder: die Reise durch den Wortschatz": „Man nehme ein beliebiges Wort, mit dem man in ein Wörterbuch der deutschen Sprache eintritt. Unter den Bedeutungsangaben für dieses Wort suche man sich ein weiteres Wort, um den Gang durch den katalogisierten Wortschatz fortzusetzen. Dieses Verfahren setzt man so lange fort, bis man zum Ausgangswort zurückgefunden hat." Ein Beispiel: EINSTIEG/Zugang/Weg/Gebiet/Ausdehnung/Verbreitung/Umlauf/Rotation/……/Einstellung/Ansicht/Front/Vorderseite/Vordertür/Tür/EINSTIEG. „Wie beim Gang durch einen Irrgarten beginnt man seinen Weg aufs Geratewohl. Man geht Schleifen, die einen dorthin zurückbringen, wo man schon einmal war. Man beginnt Strategien zu entwickeln, um das anvisierte Ziel gedanklich einzukreisen. Sobald man dieses vor Augen hat (im Beispiel spätestens bei der Station ANSICHT), geht man äußerst umsichtig vor, um nicht wieder völlig vom Ziel abgebracht zu werden." Der Schriftsteller *Joseph von Westfalen (D)* hält eine spontan-vitale Veranstaltung „über den gerissenen Faden", den er ironisch auf sich selbst und die literarische Arbeit bezieht.

In der städtischen Galerie ist eine Ausstellung mit Bildern, Objekten und Installationen von Antes, Baschang, Beuys, Brodwolf, Chillida, Long, Lucebert u. a. zu sehen. In den Schaufenstern und in den öffentlichen Gebäuden begegnen wir Grafiken von Werner Berges (D), M. C. Escher, Rudolf Hausner (A), Martah Theresa Kerschhofer (A), Friedrich Meckseper (D), Peter Prutkay (H), KRH Sonderborg (D), Ernst Steiner (A), Anga Sterrenberg (A), Bea Verheul (NL), Ingrid Webendörfer (D) und vielen anderen.

Für etliche Schaufenster wurden besondere Entwürfe gestaltet. *Gitta Witzke (D)* setzt zwei Textzeilen an die Scheiben: „MAN HAT UNS SEHEN LASSEN / WAS WIR NICHT HÄTTEN SEHEN SOLLEN". Packpapier unmittelbar hinter der Scheibe, den Innenraum verdeckend bis auf einen schmalen Streifen in der Mitte, sodass der Eindruck eines Umbaus oder einer Renovierung entsteht, die Vorstellung von etwas dahinter Verborgenem, zu Verhüllendem erzeugend. Erst beim näheren Herantreten kann man den Innenraum des Schaufensters ganz einsehen. Im Innenraum befindet sich

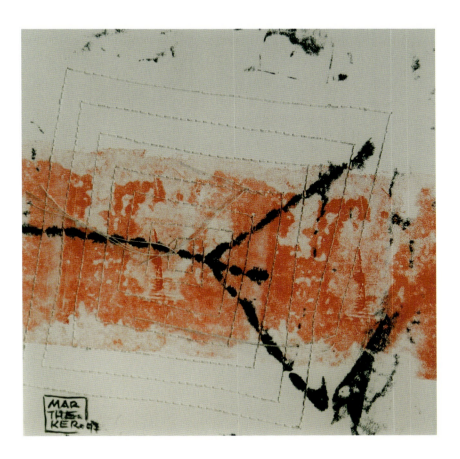

Labyrinthmotiv von Martha Theresa Kerschhofer

mittig an der Wand als Gegenstück das zweite Satzpaar: „WIR HÄTTEN NICHT SEHEN SOLLEN / WAS MAN UNS HAT SEHEN LASSEN".

Zur Mitte der Installationszeit findet ein Wechsel der Zeilen statt, wobei vorn an der Scheibe erscheint: „WIR HÄTTEN SEHEN SOLLEN / WAS MAN UNS NICHT HAT SEHEN LASSEN" und auf der Hinterwand: „MAN HAT UNS NICHT SEHEN LASSEN / WAS WIR HÄTTEN SEHEN SOLLEN".

Die „Bauleitung"

Die „Bauleitung" von *Voré (D)* ist in einem Container untergebracht wie üblicherweise auch die Büros auf Großbaustellen. Hier sind die wesentlichen Faktoren der komplexen Labyrinth-Vorstellung zusammengetragen und als Klammer um die vielgestaltigen Teilelemente der am Projekt beteiligten Kunstschaffenden und ihrer Arbeit wirksam. Da im realisierten Projekt nur eine sehr beschränkte Auswahl integriert und umgesetzt werden kann, steht hier die Möglichkeit offen, sämtliche Konzepte, Entwürfe und Beschreibungen zu derzeitigen Labyrinthprojekten (ca. 450 Arbeiten) einzusehen, die über Recherchen und Ausschreibungen im Zusammenhang mit „labyrinth.e" erreichbar waren. Diese sind an Rechnerarbeitsplätzen von Speichermedien oder über Internet abrufbar. Hier sind auch die Pläne und Korrespondenzen zur Entwicklung des Projekts als Prozeßdokumentation offengelegt. Zeichnungen, Collagen, Modelle und Skulpturen aus der Vorarbeit sind gestapelt. Kontrollmonitore zeigen wie in Leitstellen Bilder und Sequenzen aus verschiedenen Bereichen der „Baustelle". Hier treffen aktuelle Realaufnahmen von Kameras an vorbestimmten Stellen im Stadtraum und in Installationen auf Szenen und Situationen von vorproduzierten Videobändern. Gleichzeitig ist die „Bauleitung" Kommunikationszentrale und Anlaufstelle für die Nachrichten und Übertragungen assoziierter AutorInnen und KünstlerInnen über das Internet. Ebenso sind hier die Skripten nachzulesen, die den begleitenden Vorträgen und Veranstaltungen zugrunde liegen. Um den Container herum liegen skulpturale und profane Baumaterialien gestapelt. Eine Baustelleneinheit ist abgesteckt im angrenzenden Gelände, eine andere wird ausgehoben und legt gleichzeitig eine „verschüttete" Installation frei, und eine dritte Einheit ist bereits im Aufbau.

Bruno Kurz: Friedhofskapelle als Ort der Installation „for a blue waterlily"

DER SIEBENTE TAG

In der ehemaligen Friedhofskapelle installiert *Bruno Kurz (D)* seine Arbeit, die als „Ende des Weges" und als kontemplativer Ort zur inneren Einkehr interpretierbar ist. Mit Erde, Wasser, Gaze, Folien und einer königsblauen monochromen Bildtafel entsteht die Installation „for a blue waterlily". „MANNAZ" ist die Rune des Mondes, deren Schriftzeichen von eben dem gleichschenkligen Dreieck gebildet wird, das der Künstler durch die Anordnung der beiden Kreise in bezug auf die Position der Säulen virtuell in den Raum geschrieben hat. Ein ca 7 x 7 m großes Wasserfeld wird in eine Hälfte des Raumes eingebaut. Die Dimension entspricht dem auf der ge-

genüberliegenden Seite befindlichen Beton-Podest. Durch das Einfügen des zweiten dunklen Quadrates scheint der Raum in seiner Ausstrahlung vervollständigt. Durch die Spiegelung der Umgebung werden diese und die Architektur neu dechiffriert. Betrachter und Umgebung, Licht und Tageszeit verändern das Abbild – Spiegelbild kontinuierlich.

Dieser Ort ist entschiedener Kontrapunkt zu den vielfältigen Aktionen, die die Veranstaltungstage abschließen. Mehrere kleinere und größere Jugendgruppen haben in Workshops Entwürfe zur Gestaltung von Straßentheater entwickelt und ziehen mit ihren Szenen durch die Stadt. Spurenleger, mythische Gestalten mit Minotaurus, Labyrinthbauer, Pendler und Irrende bevölkern Straßen und Plätze. Am Abend werden sie zusammenkommen zu einem turbulenten Fest der Wandlungen.
Über eine Großprojektion lassen sich die Beiträge verfolgen, die aus dem Internet gezogen und gezielt von den assoziierten Beteiligten eingespielt werden. Kleine Gruppen von Besuchern können sich in der „Bauleitung" an den interaktiven virtuellen Labyrinthprojekten etwa von *Mark America (USA)*, *Esben Fest (D)*, *Ulrike Pankratz (D)* oder *Zeev Krisher (ISR)* beteiligen.
Wie am ersten Tag sind jetzt die Vertreterinnen und Vertreter aus Biologie, Rechtswesen, Medizin, Philosophie und Theologie versammelt, um vor und mit dem Publikum die Fragen um eine Todesdefinition zu diskutieren. Und schließlich ist die Frage nach Wiedergeburt, Auferstehung oder Weiterleben nach dem Tod, ein besonderer Aspekt des Ur-Labyrinths, auch eine zentrale theologische und philosophische Frage in unserer materialistisch und funktionell orientierten Gegenwart.

Hiermit schließt auch die Beschreibung des Projekts, das – trotz der knappen Details und der gewissen Zufälligkeit in der Auswahl der integrierten Projektelemente – die Vielfalt derzeitiger künstlerischer Labyrinth-Interpretationen und die Vision eines integrativen Projekts vermitteln sollte, das eine ganze Stadt mit den unterschiedlichen Bevölkerungsgruppen und Generationen in einem vielschichtigen Veranstaltungskomplex über den Stadtraum hinweg verbinden kann.

Robert Ferré

Warum jetzt? Warum hier?
Labyrinthe in den Vereinigten Staaten

Die Wiederentdeckung und -belebung des Labyrinths ist ein weitverbreitetes Phänomen. Es zeigt sich auf mannigfaltige Weise, je nach Lebensraum, Kultur und Vorlieben derjenigen Personen, die sich mit Labyrinthen beschäftigen.
In die USA gelangte die Bewegung aus England, das in den späten siebziger und frühen achtziger Jahren des 20. Jahrhunderts eine regelrechte Labyrinth-Renaissance erlebt hatte. Bereits in den Jahrhunderten zuvor waren in den USA einige Irrgärten und Labyrinthe angelegt worden, und verschiedene Wissenschaftler hatten sich mit dem Thema beschäftigt und darüber publiziert. Nach dem Besuch von Paul Theroux und Nigel Pennick entstanden weitere Labyrinthe, so richtig faßte die Bewegung erst Mitte der achtziger Jahre fuß, als Sig Lonegren (ein in Glastonbury, England, lebender Amerikaner) und Richard Feather Anderson (ein amerikanischer Geomantiker) damit begannen, ihr Wissen über Labyrinthe zu verbreiten. Sie machten die Gemeinde der Wünschelrutengänger mit Labyrinthen bekannt, indem sie an deren Konferenzen Labyrinthe anlegten und lehrten, wie diese als geweihte Räume genutzt werden können.

Überall in Amerika entstehen neue Labyrinthe, manche nur für kurze Zeit, manche bleiben länger erhalten.

Drei Anlagen der amerikanischen Labyrinthpionierin Marty Caine: naturverbundene Orte der Kraft und der Ruhe

Marty Cain und Alex Champion haben dann in den letzten siebzehn Jahren das Wünschelrutengehen und Elemente des Labyrinths in einer Weise kombiniert, die Labyrinthe als einzigartige Kunstinstallationen entstehen ließ und sie in Einklang mit den Energien der Erde brachte. Wünschelrutengänger werden in der Regel als Wassersucher gesehen, die mit Astgabeln oder anderen Instrumenten unterwegs sind. In unserer Zeit tun sie jedoch noch viele andere Dinge, zum Beispiel arbeiten sie auch mit Labyrinthen.

Wie so oft, wenn eine Idee heranreift, wurden Labyrinthe gleichzeitig sowohl auf der allgemein menschlichen Ebene als auch von religiösen Gemeinschaften entdeckt. Jean Houston war eine solche

Pionierin, die in ihrer Mystery School mit Labyrinthen arbeitete. Dort hatte im Jahr 1999 Reverend Dr. Lauren Artress ein tiefes Erlebnis, als sie ein Labyrinth beging. Sie führte danach Labyrinthe in der episkopalischen Gemeinde von Grace Cathedral in San Francisco ein, wo sie als kirchliche Mitarbeiterin tätig war. Schon lange

hatte sie nach neuen und allen zugänglichen Methoden für spirituelle Erfahrung und Entwicklung gesucht, die für die moderne amerikanische Gesellschaft wichtig sein könnten, nach neuen Formen mit traditionellem Inhalt. Mit dem Labyrinth hatte sie eine weit über ihre Vorstellungen hinaus wirksame Antwort auf diese Fragen gefunden. Es war gleichzeitig neu und doch alt, nicht auf eine bestimmte Glaubensrichtung oder Gruppe beschränkt, und vor allem ermöglichte das Labyrinth den Menschen die Erfahrung neuer, tiefer Dimensionen von Heilung, Einsicht und Offenbarung.

Dr. Artress hatte damals noch keine Ahnung, wohin diese Bewegung führen würde. Sie machte viele tausend Menschen mit der Labyrinthbegehung bekannt, nicht nur im Umfeld der Kirche, sondern auch an Konferenzen für Psychologen, an Frauenveranstaltungen und Theologie-Studiengängen. Ich selbst traf Lauren Artress im Herbst 1995 bei der ersten Labyrinthkonferenz, die von Jean Lutz und dem *Labyrinth Letter*, einer nicht mehr existierenden Publikation, veranstaltet worden war. Als ich erfuhr, daß Dr. Artress viele Anfragen von Menschen erhielt, die ein tragbares Labyrinth, wie sie es benutzte (und das in Zusammenarbeit mit Richard Feather Anderson entstanden war), kaufen wollten, machte ich den Vorschlag, solche Labyrinthe herzustellen und von Grace Cathedral aus an Kirchen im ganzen Land zu verkaufen.

So entstand nicht nur meine heutige Existenzgrundlage, das *St. Louis Labyrinth Project*, auf diese Weise fanden Labyrinthe auch in

Links und rechts oben: Labyrinthe, die ausgepackt, am passenden Ort aufgelegt und später wieder eingepackt werden können, gibt es inzwischen nicht nur in Amerika.

Denver: Ein Labyrinth wird ausgelegt.

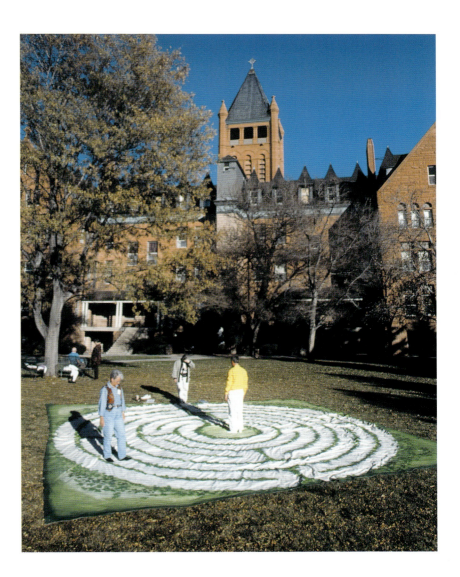

den verschiedensten Gemeinden der Vereinigten Staaten Verbreitung. Bald begann ich auch damit, Labyrinthe direkt im Einzelhandel zu verkaufen. Heute gibt es noch mehrere andere Labyrinthhersteller, jedoch war ich während etlicher Jahre die einzige Quelle für tragbare Leinwandlabyrinthe. Bis heute habe ich ungefähr fünfhundert tragbare Labyrinthe hergestellt, dazu kommen noch hundert Labyrinthe, die an verschiedenen Orten entweder bleibend oder für eine bestimmte Zeitdauer entstanden.

Bald wurden Labyrinthe auch im öffentlichen Raum angelegt, z. B. in Parkanlagen, Spitälern und Schulen. Es erschienen Artikel in führenden Magazinen und Zeitungen, Bücher zum Thema wurden geschrieben. Ich selbst bin Mitherausgeber der englischen Ausgabe des bemerkenswerten Handbuchs von Hermann Kern, das beim Prestel Verlag auf deutsch erschienen ist. Meine eigenen Publikationen beschränken sich auf Beiträge und Vorwörter und eine Reihe von Büchern und Anleitungen im Eigenverlag und auf unserer Website (www.labyrinthproject.com).

Besonders in den USA brauchen wir das Labyrinth

Warum wurde das Labyrinth in den Vereinigten Staaten so populär? In meinen Wochenendkursen zum Thema Labyrinth nehme ich mir jeweils eine Stunde Zeit, nur um die vielen Gründe für die Wiedergeburt des Labyrinths zu skizzieren. Die wichtigste Schlußfolgerung ist meiner Meinung nach die, *daß wir Labyrinthe brauchen.* Ich glaube daran, daß uns das Labyrinth zu unseren Wurzeln zurückführt, zu unserem Ursprung, über unsere Konstruktion von Persönlichkeit und Persona hinaus. In anderen Worten: Das Labyrinth führt uns über Wohlstand, Individualismus und Kommerzialisierung hinaus, hin zu einer einfacheren, grundlegenden und authentischen individuellen und kollektiven Identität.

Das moderne Leben ist außer Kontrolle geraten. In früheren Zeiten standen Tempel und Kathedralen am wichtigsten Platz eines jeden Dorfes, sie beherrschen den Hügel oder den Horizont. Noch heute strahlen die hochaufragenden gotischen Kathedralen Macht und Einfluß aus. In der modernen Stadt sind die höchsten Gebäude meist Banken und Bürogebäude; Kommerz und Profit wurden zu unserer Religion, zum dominierenden Aspekt unserer westlichen Kultur. Nirgends ist dies sichtbarer als in den Vereinigten Staaten, wo man mit Geld politischen Einfluß kauft. Multinationale Firmen drohen diese Kultur in der ganzen Welt zu verbreiten, der Kontrolle der einzelnen Regierungen entzogen. Einige religiöse Gemeinschaften und engagierte Gruppen kämpfen gegen diese Entwicklung. Immer besser können wir die Lebensweise eingeborener Völker verstehen, welche in Verbindung von Mensch zu Mensch, zur Erde und zur Natur lebten und durch Tausende von Jahren ein anhaltendes Gleichgewicht von Geben und Nehmen einhielten.

Was hat dies mit Labyrinthen zu tun? Labyrinthe helfen uns, Entscheidungen zu treffen. Historisch gesehen ging es schon immer darum, sich zwischen dem Weltlichen und dem Spirituellen, der äußeren Erscheinung und der inneren Wahrheit, der Form und

Hunderte Jugendliche aus der ganzen Welt, die im November 1999 zu einem Friedenstreffen nach Colorado (USA) gekommen waren, schrieben ihre Namen und Gedanken auf ein Canvas-Labyrinth, das damit eine zusätzliche Symbolik bekam: der gewundene Weg zum Weltfrieden!

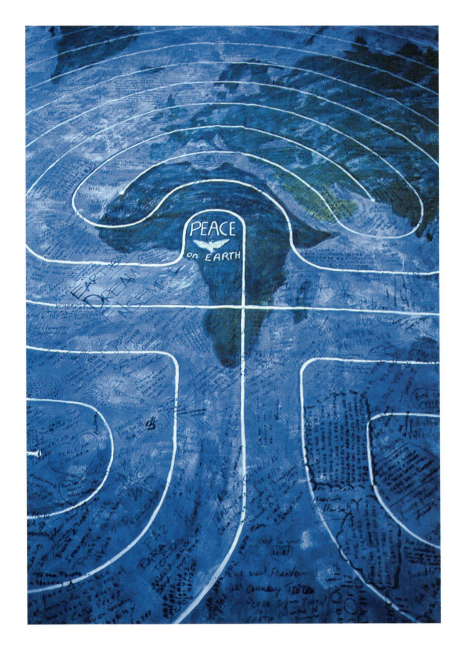

dem Inhalt zu entscheiden. In seiner ganzen Schärfe erleben wir dies in den Vereinigten Staaten, wo die besten und die schlimmsten Extreme, sowie alle Zwischenstufen, zu finden sind. Was zum Beispiel Nahrung und Eßgewohnheiten betrifft, sind wir gleichzeitig überfüttert und unterernährt. Der amerikanische Traum kann sowohl eine wahrgewordene Phantasie als auch ein Albtraum sein, der mit geliehenem Geld gekauft wurde und nur mit viel Streß gelebt werden kann.

Noch nie habe ich erlebt, daß jemand nach der Begehung eines Labyrinths zum Schluß kam, dass er mehr Zeit im Büro verbringen müsse. Aber ich habe Menschen gesehen, die sich nach einer Labyrinth-Erfahrung mit entfremdeten Familienangehörigen versöhnten, in ihrem Kummer getröstet wurden und ihren spirituellen Weg fanden. Um das Labyrinth zu beschreiben, müssen wir über das Physische hinaus zum Metaphysischen gelangen. Es gibt dazu ein Beispiel in einer amerikanischen spirituellen Lehre unserer Zeit, die unter dem Namen „Ein Kurs in Wundern" bekannt ist. Darin werden uns zwei einfache Möglichkeiten oder Entscheidungen für unser Leben angeboten: Eine Möglichkeit führt uns zum Verständnis unserer wahren Natur als Kinder Gottes, die andere führt uns von dieser Erkenntnis weg, tiefer in Illusion, Konflikt und Elend hinein. Dazu paßt die Metapher des Gehens auf einem Hochseil – man kann dabei nur in die eine oder in die andere Richtung gehen. Es gibt keine Möglichkeit, seitwärts auszuweichen.

Die physische Welt mit ihrer Überkommerzialisierung und ihrem Erfolgsdenken und der Bereich der Spiritualität, der Gedanken und des Glaubens sind aus dem Gleichgewicht. Das Labyrinth bietet hier eine Lösung. Ob als mechanisches Phänomen, das durch die vielen Drehungen die beiden Gehirnhälften ausbalanciert, oder als spirituelle Übung, die unter Oberfläche und Gewohnheiten geht, das Labyrinth verhilft jenen, die es begehen, zu einem inneren Gleichgewichtssinn. Es hilft uns, Prioritäten zu setzen und Möglichkeiten zu erkennen, die uns vorher verborgen waren.

Links und rechts: Sehr unterschiedliche neue Anlagen in Amerika

Es deutet manches darauf hin, daß das Labyrinth jeweils in Zeiten spiritueller Krisen ins Bewußtsein der Menschen tritt, oft in den letzten Jahren einer zerfallenden Kultur. Wenn die Zivilisation die Krankheit ist, dann ist das Labyrinth die Behandlung. Wenn wir aus dem Gleichgewicht gekommen sind, stellt das Labyrinth die Balance wieder her. Wenn wir uns im Streß befinden, bietet uns das Labyrinth Ruhe. Die Heilung geschieht auf sehr einfache Weise,

Alex Champion baut auf seiner Farm im nördlichen Kalifornien ein kniehohes Erdlabyrinth.

indem es uns zu unserem wahren, authentischen, ewigen Selbst führt.

In diesem Sinne ist das Labyrinth in der Tat ein Archetypus. In den Vereinigten Staaten haben wir nur wenige Rituale, um die wichtigen Übergänge im Leben zu kennzeichnen. Wir haben wenig Verbindung zu unseren Vorfahren. Das Labyrinth bietet eine Verbindung zur Vergangenheit, zu einer alten Tradition, zu einer gemeinsamen Reise zu dem, was es heißt, Mensch zu sein.

Es ist diese Verbindung, die das Labyrinth so wertvoll macht. Der amerikanische Individualismus, dieses Kraftwerk unternehmerischer Anstrengung, ist ein Anathema zur geistigen Welt, in welcher wir alle eins sind. Bei Labyrinth-Veranstaltungen hört man die Menschen oft sagen, daß sie es vorziehen würden, das Labyrinth allein zu begehen anstatt als Teil einer Gruppe. Nachdem sie jedoch der Aufforderung, als Gruppe ins Labyrinth zu gehen, nachgekommen sind, stellen sie fest, daß dies ein sehr starkes Erlebnis ist und daß die Gruppe Kraft, Sicherheit und Unterstützung gibt. Sie werden zu einem Teil der Labyrinthgemeinschaft und finden dies angenehmer als die Isolation des Alleingehens. Diese Gemeinschaft heißt jeden willkommen und macht ihn zum Teil eines Ganzen.

Die Wiederbelebung des Labyrinths gründet nicht nur in der Tatsache, daß wir es brauchen, sondern auch darauf, daß es funktioniert. Es hilft uns, uns selbst zu finden und sowohl individuell als auch kollektiv bessere Menschen zu sein.

LABYRINTH-AKTIVITÄTEN IN DEN VEREINIGTEN STAATEN

Wir sind in den USA eine sehr mobile Gesellschaft. Nicht nur wechseln wir unseren Wohnsitz durchschnittlich alle viereinhalb Jahre, wir nehmen manchmal sogar unsere Häuser mit, stellen sie auf Lastwagen und fahren mit ihnen zum neuen Standort. Alles befindet sich auf Rädern, ist ständig in Bewegung. Es ist also nicht verwunderlich, daß das tragbare Labyrinth die häufigste Labyrinthform in den Vereinigten Staaten ist.

Das meistverkaufte tragbare Labyrinth, das wir im *St. Louis Labyrinth Project* herstellen, hat einen Durchmesser von 11 Metern, ist von Hand gezeichnet und mit Latexfarbe auf *canvas duck* (einem eng gewebten, natürlichen, unbehandelten Baumwollmaterial) gemalt. Das Labyrinth wiegt ungefähr 45.5 kg und ist in drei getrennte Felder aufgeteilt, die mit Klettverschluss zusammengesetzt werden. Diese Teile können gefaltet und voneinander getrennt transportiert und aufbewahrt werden.

Außer Kirchen und Institutionen besitzen auch viele einzelne Personen tragbare Labyrinthe. Die wachsende Zahl von Menschen, die sich beruflich mit Labyrinthen befassen, führt dazu, daß Labyrinthe vermehrt in Schulen, Gefängnissen und Spitälern zu finden sind. Auch werden verschiedenste Labyrinth-Veranstaltungen zu Themen wie Trauer, AIDS oder Alzheimer, beruflichen Veränderungen oder Lebensberatung angeboten. Einige geweihte Priester führen Labyrinthrituale bei Hochzeiten oder anderen wichtigen Zeremonien durch. Psychotherapeuten benützen kleine Labyrinthe, die man auf

Auch Priester wissen die Bedeutung des Labyrinths und seine Möglichkeiten zu schätzen.

dem Schoß halten und mit den Fingern nachfahren kann. Lehrer lassen Kinder vor Prüfungen Labyrinthe auf Papier zeichnen und mit den Fingern nachfahren, um die Aufmerksamkeit zu sammeln und die Konzentration zu vertiefen.

Eine weitere Labyrinthform in den Vereinigten Staaten ist das temporäre Labyrinth. Ein solches wird nur für eine einzige Veranstaltung angelegt, entweder mit Klebeband oder gespannter Schnur auf dem Fußboden, mit Farbe auf Gras gemalt oder als Muster ins Gras gemäht. Jede Art von Markierung kann zum Anlegen eines Labyrinths genutzt werden. Ich habe Labyrinthe aus Holzpflöcken, Flaggen, Truthahnfedern, Konservenbüchsen, Plastiklöffeln, Nägeln, Dichtungsringen und Fliesen gesehen.

Nach etlichen Jahren Erfahrung mit tragbaren und temporären Labyrinthen sind heute viele Kirchen und Organisationen von ihrem Nutzen überzeugt. Dies führte zur Errichtung von bleibenden Labyrinthen aller Art, von der einfachsten Gestaltung aus Steinen bis hin zum eleganten Mosaik. Kirchen benutzen of das Muster des Labyrinths von Chartres, da es einen erkennbar christlichen Ursprung hat. Öffentliche Labyrinthe folgen mehr dem klassischen Stil (mit einigen bemerkenswerten Ausnahmen). Ich finde, daß keines der Muster einem anderen vorzuziehen ist. Sie sind jedoch unterschiedlich in ihrer Intensität. Wenn ein Labyrinth vor allem für das Gehen und Drehen genutzt werden soll, dann ist das Chartres-Labyrinth in Betracht zu ziehen, da das Muster länger ist, mehr Drehungen hat und man mehr Zeit braucht, um es ganz zu begehen. Manche sind der

Ausmessen des Labyrinthplatzes und Arbeit an der Fertigstellung

Meinung, daß dies eine konzentriertere Erfahrung bietet.

In die Überlegungen, welche Muster beim Anlegen eines Labyrinths benutzt werden sollen, müssen der zur Verfügung stehende Raum, die Eigenheiten des Ortes und der vorgesehene Zweck mit einbezogen werden. Zum Beispiel ist für die Arbeit mit älteren Menschen ein klassisches Muster von Vorteil, da es leichter verfolgt werden kann und weniger verwirrend ist. Das klassische oder Ur-Labyrinth braucht auch wenig Raum und ist einfach anzulegen.

Die Akzeptanz von Labyrinthen in den Vereinigten Staaten zeigt sich auch darin, daß es Möglichkeiten gibt, eine finanzielle Beihilfe zum Kauf oder zur Anlage eines Labyrinths von Stiftungen und sogar von Regierungsbehörden und Städten zu erhalten. Die Stadt Jersey City in New Jersey hat tragbare Labyrinthe für ihre Senioren-Programme und für die Arbeit in der Drogenrehabilitation gekauft. Eine Beihilfe zur Unterstützung von Gesundheitsprogrammen in ländlichen Gegenden wurde von der Bundesregierung einer Gruppe in Missouri zugesprochen, damit diese ein tragbares Labyrinth zum Gebrauch in verschiedenen Spitälern und Schulen kaufen konnte. Verschiedene religiöse Gruppierungen haben ihrer Kirche Beiträge zum Kauf von Labyrinthen zukommen lassen.

Je mehr Labyrinthe entstehen, desto mehr geschulte und erfahrene Personen braucht es, um in deren Gebrauch einzuführen und ihn zu begleiten. Das *Worldwide Labyrinth Project Veriditas*, das in der Grace Cathedral in San Francisco domiziliert ist und von Reverend Dr. Lauren Artress und ihren Mitarbeitern und Mitarbeiterinnen geleitet wird, hat Hunderte von Personen für die Labyrintharbeit mit Gruppen ausgebildet. Dies tun auch einige andere Organisationen, so z. B. das *St. Louis Labyrinth Project*, das auch Kurse zu Geschichte, Gebrauch und Anlage von Labyrinthen anbietet.

DIE USA UND DAS LABYRINTH VON CHARTRES

Die Labyrinthbewegung in den Vereinigten Staaten hat Auswirkungen auf das berühmte Labyrinth in der Kathedrale von Chartres in Frankreich gezeigt. Dieses Labyrinth war lange Zeit unter den Stuhlreihen im Kirchenraum verborgen. In den letzten Jahren hat sich die Situation jedoch verändert. Ich habe einige Besuche der Kathedrale von Chartres organisiert, wo wir das Labyrinth begehen konnten und die Bekanntschaft des Pfarrers, Kanonikus François

Viele Arbeitsstunden werden in die Gestaltung von Labyrinthanlagen investiert.

Legaux machten. Im Jahre 1997 besuchte François Legaux die Grace Cathedral in San Francisco, wo er den Gebrauch des Labyrinths als spirituelles Werkzeug in christlichem Kontext kennen und schätzen lernte. Dies führte zu einer begrenzten Zugänglichkeit des Labyrinths von Chartres für das Publikum. Pater Legaux wurde in der Zwischenzeit pensioniert, jedoch hat der neue Pfarrer, Abbé Daniel Rambure, in den letzten Jahren das Labyrinth der Kathedrale von Chartres unverstellt gelassen. Beinahe jeden Freitag kann man nun als Besucher der Kathedrale auch das Labyrinth begehen.

Die Einwohner der Stadt Chartres haben das Labyrinth in ihrer berühmten Kathedrale noch nicht entdeckt. Die Menschen dort und die Kirchenleitung nehmen das Labyrinth vor allem im Zusammenhang mit dem Interesse der ausländischen Besucher wahr. Nur die örtlichen Händler haben die Botschaft verstanden. In jedem Geschäft der Stadt findet man Labyrinthsouvernirs, vom Teller bis zu Fensterdekorationen, von Aschenbechern in Labyrinthform bis zu entsprechend gestaltetem Computerzubehör.

ORGANISATION UND KONFERENZEN

In den Vereinigten Staaten führte das wachsende Bedürfnis nach einer professionellen Labyrinth-Organisation zur Gründung der *Labyrinth Society*. Die ersten beiden nationalen Labyrinthkonferenzen fanden 1995 und 1996 statt. Die Treffen von 1997 und 1998 fanden in St. Louis statt und hatten das Ziel, eine internationale Organisation zu gründen. Jährlich folgten weitere nationale Treffen und Zusammenkünfte und im Mai 2002 die erste internationale Konferenz in Glastonbury (England).

Diese Treffen waren außergewöhnliche Veranstaltungen, sowohl von ihrem Programm als auch von der Möglichkeit her, viele andere Menschen, die mit Labyrinthen arbeiten, zu treffen, Netzwerke zu bilden und Ideen auszutauschen. Es waren jeweils die verschiedensten Labyrinthe ausgestellt, von der traditionellen Gestaltung bis zu innovativen, modernen Kreationen. Der *Labyrinth Society* sind alle Labyrinthbenutzer willkommen, seien sie religiös oder säkular. Außer Gebet und Meditation finden auch noch andere Interessen, so z. B. das Gehen mit Wünschelruten und andere esoterische Praktiken, ihren Platz. Die verbindende Gemeinsamkeit ist die innere Hinwendung zum Labyrinth.

Ein Fingerlabyrinth – in Amerika erschien sogar ein Buch über solche handlichen Lösungen.

Ein sehr persönlicher Ratschlag

Sollten Sie daran denken, einmal selbst ein Lybyrinth anzulegen, in Ihrem Garten etwa oder in Ihrer Kirchengemeinde, dann denken Sie daran, daß das Labyrinth uns ein Erlebnis ermöglicht. Wir sollten nicht die Speisekarte mit der Mahlzeit verwechseln. Werkzeuge können sehr schön anzuschauen sein – ich habe einige wunderbare Exemplare in meinem Büro. Aber sie machen nur dann Sinn, wenn sie genutzt werden. Dies gilt auch für das Labyrinth. Über Labyrinthe zu lesen und sich damit zu beschäftigen, ist eine nette Freizeitbeschäftigung, aber das Labyrinth bietet viel mehr. Es gibt großzügig und verlangt sehr wenig, nur, daß Sie ihre Sorgen an seinem Eingang zurücklassen und es begehen – einfach, ehrlich, achtsam, offen für alles, was es Ihnen enthüllen möge, und bereit, ihm zu folgen, wohin es Sie führt.

Englische und französische Literatur zum Thema:

Hier ist eine Auswahl verschiedener populärer Bücher über Labyrinthe, die in englischer und französischer Sprache erschienen sind. Leider gibt es davon bis jetzt keine deutschen Übersetzungen. Einige wissenschaftliche Werke habe ich nicht aufgeführt. Um einen umfassenden Überblick über die Bibliographie zu Labyrinthen zu erhalten, empfehle ich die Website der Labyrinth Society (www.labyrinthsociety.org).

Lonegren Sig, Labyrinths. Ancient Myths, Modern Uses, New York 2001 (Eines der ersten Bücher über Labyrinthe, kürzlich in einer überarbeiteten Fassung wieder aufgelegt.)

Pennick Nigel, Mazes and Labyrinths, London 1996

Artress Lauren, Walking a Sacred Path. Rediscovering the Labyrinth as a Spiritual Tool, New York 1995 (Die „Bibel" für die Nutzung von Labyrinthen in Kirchen.)

Artress Lauren, The Sand Labyrinth. Meditation at Your Fingers, Boston 2000 (Dr. Lauren Artress schrieb ihr zweites Buch über Fingerlabyrinthe.)

Schaper Donna and Camp Carole Ann, Labyrinths from the Outside: in. Walking to Spiritual Insight. A Beginner's Guide, Vermont 2000 (Zwei protestantische Geistliche schreiben über ihre Philosophie des Labyrinths und die Nutzung von Labyrinthen für Rituale und Zeremonien.)

Gayle West Melissa, Exploring the Labyrinth. A Guide for Healing and Spiritual Growth, New York 2000 (Ein Buch mit etwas weniger religiösem Einschlag.)

Curry Helen: The Way of the Labyrinth. A Powerful Meditation for Everyday Life, New York 2000 (Die Pionierin der Labyrinth-Bewegung, Helen Curry, beschreibt den Werdegang dieser Bewegung.)

Westbury Virginia, Labyrinths. Ancient Paths of Wisdom and Peace, Lansdowne, Sidney

2001 (Eine ausgezeichnete Zusammenfassung der Geschichte und Anwendung des Labyrinths von einer australischen Journalistin.)

Drei Bücher über Labyrinthe von einer Mystikerin und Dichterin:

Hartwell Geoffrion, Jill Kimberly, Praying the Labyrinth. A Journal for Spiritual Creativity, Cleveland 1999

Hartwell Geoffrion, Jill Kimberly, Living the Labyrinth. 101 Paths to a Deeper Connection with the Sacred, Cleveland 2000

Hartwell Geoffrion, Jill Kimberly and Nagel, Elizabeth Catherine, The Labyrinth and the Enneagram. Circling into Prayer, Cleveland 2001

Die Engländerin Helen Raphael Sands schrieb einen Bericht über ihre Labyrinthreisen, der unter zwei verschiedenen Titeln in England und in den Vereinigten Staaten erschien:

Sands Helen Raphael, Labyrinth. Pathway to Meditation and Healing, London 2000

Sands Helen Raphael, The Healing Labyrinth. Finding Your Path to Inner Peace, New York 2001

Prache Anne, Chartres Cathedral. Image of the Heavenly Jerusalem, Paris 1983 (Das meiner Ansicht nach beste Buch über die Geschichte der Kathedrale, geschrieben von einer ehemaligen Professorin für mittelalterliche Kunst an der Sorbonne.)

Craig Wright, The Maze and the Warrior. Symbols in Architecture, Theology, and Music, Harvard University Press, 2001. (Der Musikologe Craig Wright publizierte die Ergebnisse seiner zehnjährigen Forschungstätigkeit. Ich bin mit einigen seiner Kommentare zur Kathedrale von Chartres nicht einverstanden, jedoch ist das Ausmaß seiner Forschungen beeindruckend. Für ein besseres Verständnis der Kathedrale von Chartres und ihrer Bauweise empfehle ich jedes der Bücher des australischen Architekten John James. Sechs Jahre lang befaßte der sich mit jedem einzelnen Stein und erhielt so neue Erkenntnisse über die gotische Bauweise.)

Französische Literatur zum Thema:

Ketley-Laporte John et Odette, Chartres, le labyrinthe déchiffré, Chartres 1997 (John Ketley ist ein Engländer, der schon lange in Frankreich lebt. Er bezieht sich vor allem auf die Forschungen von John James, denen er seine eigenen Beobachtungen und Kommentare hinzufügt.)

Naert Dominique, Le labyrinthe de la Cathédrale de Reims, la signature des bâtisseurs Sides, Fontenay-sous-Bois 1996

Philibert Myriam, Le labyrinthe, un fil d'Ariane, Paris 2000

Weitere Bücher über Labyrinthe sind in Arbeit (darunter auch einige von mir) und werden in verschiedenen Ländern und Sprachen demnächst erscheinen. Die schnell wachsende Anzahl von Büchern mit diesem Thema weist auf ein großes Interesse der breiteren Öffentlichkeit hin.

Susanne Kramer-Friedrich

Labyrinthfrauen gehen eigene Wege
Zehn Jahre Schweizer Labyrinthbewegung

„Vor zehn Jahren waren Labyrinthe im öffentlichen Raum praktisch unbekannt. Das Pionierprojekt im Zeughaushof von Zürich hat eine vielseitige Labyrinthbewegung ausgelöst. Allein in der Schweiz und in Deutschland sind in der Zwischenzeit weit über hundert öffentliche Labyrinthe entstanden." Das schreiben Agnes Barmettler und Rosmarie Schmid in ihrem Text zu „10 Jahre Labyrinth Project International" vom Februar 2001.[1]

Begehbare Labyrinthplätze zu schaffen und zu begehen, scheint heute vor allem den Frauen wichtig zu sein. Warum das so ist? Klarheit über das Labyrinth ist nicht mit Worten zu schaffen. Klar wird es nach der übereinstimmenden Erfahrung von Frauen einzig beim Gehen, Schritt für Schritt.

Die weibliche Sicht auf das Phänomen Labyrinth ist bisher noch kaum schriftlich festgehalten worden – wogegen es eine reiche, zum Teil sehr lehrreiche Literatur über „das Abenteuer Labyrinth" gibt, von Historikern, Philosophen, Ethnologen und Theologen zusammengetragen und geschrieben, die mit Akribie die literarischen und philosophischen Quellen des Labyrinths als Urbild und Metapher gefaßt haben. *„Immer geht es um Tod und Leben, Hoffnung und Verzweiflung, Sinnlosigkeit und Sinn"*, steht am Schluß der Einleitung von Otto Betz' Anthologie „Labyrinth des Lebens" – aber es ist in den Büchern über das Labyrinth insgesamt viel häufiger von Tod als von Leben, mehr von Abenteuer als von Zielsicherheit, von Spekulation als von Erfahrung die Rede. Anders in dem wenigen, was Frauen bisher in Worte faßten, oft auch ohne das Wort Labyrinth zu nennen, wie vor bald tausend Jahren Hildegard von Bingen in einem Lied an die Weisheit:

O virtus sapientiae qui circuiens circuisti
comprehendo omnia in una via quae est vita —

O Kraft der Weisheit, die du in Kreisen rundumgehend
alles umfassest auf dem einen Weg, der das Leben ist.[2]

Unter den alten Bäumen auf dem Disibodenberg bei Bingen am Rhein, wo Hildegard bis zu ihrem 40. Jahr lebte, hat vor einigen Jahren die deutsch-amerikanische Künstlerin Gundula Thormaehlen-Friedman auf dem Erdboden ein Labyrinth angelegt, wie es schon zu Hildegards Zeiten gewesen sein könnte – ein zauberhafter Ort.[3]

Einige der Schweizer Labyrinthplätze

Zauberhaft sind sie eigentlich alle, die Labyrinthplätze, die seit 1991 in der Schweiz entstanden sind; jeder hat seinen eigenen Zauber:

* Aus Felsbrocken und Steinen, die der Gletscher rund geschliffen hat, am waldigen Ufer des Bergsees ausgelegt ein großes Labyrinth, nicht mehr sehr gepflegt, gerade noch knapp sichtbar: Caumasee bei Flims in Graubünden.

* Vor der imposanten Seitenfassade der Barockkirche breitet sich, in Originalmaßen gepflastert, das Labyrinth der Kathedrale von Chartres aus, als hätte es schon immer da gelegen: Hitzkirch (Luzern).

* In die Wiese beim rauschenden Aabach haben die Frauen wie jedes Jahr ihr Labyrinth gemäht – aberes ist anders, seit am 26. Dezember 1999 der Jahrhundertsturm „Lothar" diealten hohen Bäume rundum fällte; jetzt sind seine Nachbarn die weißen Wohnblocks mit ihren roten Ziegeldächern, und auch das macht Sinn: Uster bei Zürich.

* Lavendelduft weist den Weg zum Labyrinth in einer Senke des alten Klostergartens; man kann es vom Weg aus gut überblicken und dann hinunter- und hineingehen auf den schmalen Kieswegen zwischen den Lavendelbändern: Karthause Ittingen im Thurgau.

* Häckselwege, sorgsam zwischen die wild gewachsenen Bäume und Sträucher des alten Friedhofs gestreut, der seit Jahren nicht mehr gebraucht wird; das Gras steht hoch, aber vom Hochsitz neben der alten Linde wird das Labyrinth, Teil eines ökologischen Lehrpfades durch das ganze Dorf, sichtbar: Hausen am Albis bei Zürich.

* Weiße Pflastersteine mitten in der dunklen Pflasterung, im Fünfeck verlegt auf dem Garagenvorplatz des Doktorhauses; wer sich nicht auf dem labyrinthischen Weg zur Türe wagt, muß die Kühnheit haben, darüber hinwegzugehen – es führt kein Weg daran vorbei: Rüti (Kanton Zürich).

Der Labyrinthplatz Schächental im Kanton Uri (Heidi Gisler-Brun / Atelier Labyrinth, Erstfeld)

* Auf allen Seiten die zerfallenden Zeughausgebäude, auf und unter den Holztischen Bier- und Weinflaschen. Ein paar Männer sitzen daran, laut diskutierend und gestikulierend, die Schäferhunde balgen sich. Nicht weit davon in der Wiese ein blühendes Rondell von Blumen und Stauden um eine Mitte, umgeben von hochgezogenen Wicken und anderen Kletterpflanzen: Sie säumen das unscheinbare Steinlabyrinth, im Sand verlegt, die Labyrinthfrau, die zum Logo des internationalen *Labyrinth Projects* geworden ist: Zeughaushof Zürich.

Das sind ein paar Impressionen von den vielen Schweizer Labyrinthplätzen – die Auswahl ist persönlich, aber nicht willkürlich: Jeder von ihnen steht für viele ähnliche Standorte, Bauweisen, InitiatorInnen, Situationen. Zweierlei ist ihnen gemeinsam: Es sind Labyrinthplätze, und wer sie aufsucht, bleibt da meistens allein. Außer beim letzten, der zugleich der erste war: Da sind im Sommerhalbjahr werktags am Nachmittag regelmäßig ein, zwei oder auch drei

Reizvoll auch der Kontrast der Jahreszeiten: das Schächentaler Labyrinth im Sommer

Frauen am Arbeiten: Ein Pflanzenlabyrinth bedingt intensivere Pflege als ein Steinlabyrinth oder ein Rasenlabyrinth.

Um aller Euphorie vorzubeugen, sei es gleich zu Beginn deutlich gesagt: Wenige vermögen die Doppelrolle der kreativen Schöpferin und der mütterlichen Hüterin auf die Dauer so zu erfüllen, wie die Zürcher Labyrinthfrauen dies zehn Jahre lang durchhielten. Ein Labyrinth anzulegen ist das eine, es über eine längere Zeit zu betreuen etwas anderes, weit Anspruchsvolleres. Die Jetztzeit ist aber weit mehr eine Zeit der Machermenschen als der Hütermenschen, um einen Begriff des Philosophen Peter Sloterdijk aufzunehmen.[3]

Im Fall der Labyrinthbewegung wären die Machermenschen noch zu unterteilen in die Schöpferinnen und die ErmöglicherInnen: die für Bau und Finanzierung zuständigen Autoritäten, und die Hütermenschen in die Betreuerinnen und die BesucherInnen. Nur wenn sich für alle vier Aufgaben Menschen finden, kann das Labyrinth auf Dauer bestehen, wie es seine Form auch nur erhält durch die Verbindungen seiner vier Wendepunkte.

Auf dem alten Kasernenareal (Zeughaus) in Zürich zieht das älteste öffentliche Labyrinth der Schweiz viele Menschen an. Die Anlage wird von den Trägerinnen des Vereins „Labyrinthplatz Zürich" in zahllosen unbezahlten Arbeitsstunden betreut.

Labyrinth in Schattdorf (Kanton Uri)

Beginnen wir mit der „Schöpfungsgeschichte"

Am Anfang waren viererlei Maiskörner, gelbe, weiße, rote und schwarze. Agnes Barmettler, die Schöpferin der „Labyrinthfrau", brachte sie von einem ihrer längeren Aufenthalte bei den Hopi in Arizona in die Schweiz und säte damit im Frühling 1986 ein Feld in Monthey, Kanton Wallis, wo für den Sommer eine große Open-Air-Kunstausstellung geplant war. Als die Körner aufgingen, wurde sichtbar, was die Künstlerin geschaffen hatte: ein Maislabyrinth. Agnes Barmettler, geboren 1945 in der Mitte der Schweiz, studierte erst Medizin, wandte sich aber bald der bildenden Kunst zu und hatte als Malerin Erfolg. Schon seit 1970 waren Labyrinthe als Motiv in ihrer Malerei präsent. In der Folge entstanden auch Filme, Rauminstallationen und Landschaftsgestaltungen. Die Künstlerin reiste viel, nicht nur zu den Zentren der europäischen Kunst, sondern auch in die USA und zeigte ihre Werke in zahlreichen Einzel- und Gruppenausstellungen im In- und Ausland. Seit 1991 arbeitet sie nur noch an ein und demselben Kunstwerk: dem Gesamtkunstwerk des *Labyrinth Projects*, in dem sie Designerin, Bauleiterin, Gärtnerin, Performerin und Gesprächspartnerin in einer Person wurde.[4]

Eine der Besucherinnen der Ausstellung in Monthey war Rosmarie Schmid-Adam. Auf ihrem Gang durch das Maislabyrinth hatte sie eine Vision, die ihr Leben veränderte und sie zur Mitschöpferin machte: Vor ihren inneren Augen und Ohren erstand der Plan von

In Rüti ist vor einer Arztpraxis ein Labyrinth in den Steinboden eingelegt.

144

133 öffentlichen Labyrinthplätzen bis zum Ende des Jahrhunderts. Und von Stund an entwickelte die fünfzigjährige Lehrerin und Familienfrau, die nebenher Theologie, Sozialgeschichte studiert sowie Studien über matriarchale Tradition und Rituale betrieben hatte, in enger Zusammenarbeit mit Agnes Barmettler das internationale *Labyrinth Project*. Ihre Sache waren neben der Administration des Vereins und der obligaten Garten- und Betreuungsarbeit die Beratung und die Dokumentation der weiteren Projekte sowie Kontakt und Verhandlungen mit den „Autoritäten" und der Öffentlichkeit. Ihre Identifikation mit der Sache ist gut zu spüren, wenn sie sagt:

„Die Frau auf unserem Logo steht mit beiden Beinen auf der Erde und erinnert an sie. In diese Welt hineingeboren zu werden, heißt, von der Erde zu leben, ihr zugehörig zu sein. Jeder Mensch wird als kleines Geschöpf geboren, als Mädchen oder Knabe einer bestimmten Mutter. Mit der Grunderfahrung der geschenkten Zuwendung beginnt jede persönliche Lebensgeschichte."

Das Labyrinth vor der Pfarrkirche von Hitzkirch

1988/89 nahmen die zwei Labyrinthfrauen am Wettbewerb „Zürich morgen" zur 700-Jahr-Feier der Schweizerischen Eidgenossenschaft teil und reichten ihr Projekt ein: Errichtung eines Steinlabyrinths *als begehbarer Weg* und eines Pflanzenlabyrinths *als Beispiel der wiederkehrenden Lebensprozesse. Labyrinthplätze*, so schrieben sie, sollten *so selbstverständlich werden wie Fußballplätze und Hallenbäder*. Das Projekt wurde gutgeheißen und mit 100.000 Franken finanziert. An die 40 Frauen (darunter auch die Autorin dieses Beitrags) trafen sich in der Vorbereitungszeit jede Woche in zwei Gruppen und befaßten sich mit Wesen, Zweck und Ziel des Labyrinthprojekts.

Einkehr und Anregung

Die aktiv Beteiligten reduzierten sich im Laufe der Zeit auf ein wechselndes Team von etwa einem halben Dutzend, die zusammen mit den beiden Initiatorinnen die aufwendigen Unterhaltsarbeiten leisten, auch die Planung und Realisierung der Veranstaltungen, die im Sommerhalbjahr von Künstlerinnen und Fachfrauen jeden Monat bei Vollmond und bei Neumond für alle gestaltet und je nach Thema von 30 bis hundert Personen besucht werden. Einige Anlässe kehren jährlich wieder: so das Fest zur Begrüßung der Neugeborenen im Juni, die Party für die SchulanfängerInnen im August und das Lichterfest im Labyrinth am 24. Dezember. Die übrigen Veranstaltungen nehmen im Wechsel ökologische, gesellschaftspolitische, interkulturelle Themen auf, und zwar nicht im Sinne von Konsumveranstaltungen, sondern von interaktivem Tun.

Auf den Auswertungsbogen von 1998 haben (relativ regelmäßige) Teilnehmerinnen folgendermaßen geantwortet:
„Ich erlebte die Anlässe als sehr sorgfältig vorbereitet, anregend und verbindend. Ich fühlte mich aufgenommen, eingehüllt in eine Gemeinschaft und auch verbunden mit Mutter Erde und ihren Geschöpfen." [5]
„Mit feiner Hand, Herz und Kopf wurde da gestaltet, geplant und bis ins Detail überlegt. Schön war's, dem Thema schon auf dem Weg durchs Labyrinth zu begegnen. Das Zeughaus-Labyrinth ermöglicht mir ein Wegtreten von meinem Ort und aus dem Alltag, läßt mich mit Menschen über große Zusammenhänge des Lebens sinnieren, gebietet Halt, Einkehr und Anregung. Als Frau. Zwischen den Monden. Werden und Vergehen. Ein und Aus." [6]
Dazu sollen auch die Initiatorinnen im Originalton zu Wort kommen: *„Uns kann man nicht kaufen und konsumieren; du wirst aufgefordert, dich einzubringen, zu beteiligen. Das Labyrinth ist ein neues Kommunikations- und Kulturmuster. Hier gilt nicht: richtig oder falsch, entweder oder, sondern: sowohl als auch, denn der Platz gehört allen, und jede Meinung hat hier Platz, solange sie sich nicht absolut setzt."* – *„Du darfst hier alle ansprechen, kannst mit allen reden, zum Beispiel über die Pflanzen. Und mit den Pflanzen. Es ist immer eine Mischung aus vielem, und du kannst mitmischen."* – *„Ein Labyrinth ist zuerst einmal ein Gartenbaukunstwerk, ein kreatives ‚work in process' nicht nur der Künstlerin, sondern jedes Menschen, der dahin kommt. Die Rollen vermischen sich dauernd: Hüterin, Gärtnerin, Zuhörerin, Ratgeberin..."* – *„... und immer stellt sich die Frage: Reagiere ich richtig? Was braucht es in diesem Augenblick?"* [7]

Das gilt vor allem für den Alltag auf dem Labyrinth in einem Stadtteil mit extrem großen sozialen Problemen wie Drogenhandel, Alkoholismus, Prostitution, Asylszene. Die Frauen, welche während der zehn Jahre seit Bestehen des öffentlichen „Gartens" im Sommerhalbjahr unter der Woche täglich auf dem Labyrinth arbeiteten, waren stark gefordert und oft auch überfordert. *„Da werde ich dauernd auf*

Wiesenlabyrinth vor der Kirche des ehemaligen Zisterzienserklosetrs in Kappel am Albis

meine Grenzen verwiesen. Das Labyrinth lockt hinein und wirft hinaus – auch mich – immer wieder." [8] Sie haben mit ihrer Gesprächskultur einen Sozialdienst geleistet, der von den Verantwortlichen der Stadtbehörden wie von der Polizei wahrgenommen und anerkannt wird. So muß der Verein *Labyrinthplatz Zürich* für den Platz keine Miete bezahlen und erhält trotz des Widerstands rechtsbürgerlicher Parteien jährlich einen Finanzbeitrag von 15.000 Schweizer Franken.

Die Schöpferinnen gehen weiter – aber die Geschichte auch

Im Frühling 2001 haben sich die beiden Initiatorinnen von der Verantwortung für diesen ersten und – im doppelten Wortsinn – vorbildlichen Labyrinthplatz sowie der täglichen Betreuungsarbeit zurückgezogen, um sich auf die Beratung und Begleitung von Frauengruppen im In- und Ausland konzentrieren zu können, die ihrerseits Labyrinthplätze anlegen wollen. Das Zeughauslabyrinth ist in die Verantwortung von Frauen übergegangen, die zum Teil zu den Gründerinnen gehören (wie Ursula Knecht, Ursina Vogt, Regula Farner Rahdi und Verena Bürgi, die auch für die Fotodokumentation des Projekts sorgte), zum anderen Teil neu dazugestoßen sind. Die Weiterführung ist eine große Herausforderung bei dem Ausmaß der unbezahlten Arbeit von ca. 5000 Arbeitsstunden jährlich, was 2,5 vollen Stellen entspricht. Die Arbeitsleistung der Trägerinnen seit der Eröffnung des Labyrinthplatzes entspricht bei einem angenommenen Monatslohn von 6000 Franken einer guten Million, die der Stadt Zürich ohne Labyrinth im Zeughaushof für Sozial- und Gassenarbeit angefallen wäre.[9] Es ist offensichtlich, wer da den Profit macht.
Aber den Labyrinthfrauen geht es nicht zuerst ums Geld, sondern um den ihnen zukommenden Raum in der Gesellschaft. Labyrinthplätze sind Frauenplätze, wo engagierte Frauen ihre Anliegen und Ansichten öffflich machen. Ihre Themen und die Namen der Referentinnen bei den monatlichen Anlässen[10] zeigen, daß die Labyrinthbewegung ein Teil der Frauenbewegung ist. Mit dieser will sie auf eine neue Ordnung der Gesellschaft hinwirken, in welcher Kunst und Kultur in allen ihren Ausdrucksformen (wieder?) norm- und wertgebende Bedeutung haben. Schmid und Barmettler formulieren es so:

„Die Labyrinthfrau erinnert an das Mütterliche. Diese mütterliche Ordnung ist das Phänomen unseres Menschseins. Die ersten kulturellen

Erfahrungen von Sprache, Musik, Lebensgebärden und Rhythmen sind darin enthalten. Es erscheint uns wichtig, im öffentlichen Leben darüber nachzudenken."

DAS LABYRINTH MACHT VON SICH REDEN UND BREITET SICH AUS.

Rosmarie Schmids Vision nahm Gestalt an. Eine der vielen Frauen in der Schweiz und über ihre Grenzen hinaus, die in den vergangenen Jahren dem Phänomen Labyrinth begegnet sind und sich mit ihm intensiv befaßt haben, ist die Autorin Ursa Krattiger. Sie nahm in einer Radiosendung zum Thema Labyrinth anfang der neunziger Jahre die Worte von Ingrid Gomolzik aus Husum auf:

Das Labyrinth ist ein Rätsel
Es ist das All und die Welt
das Leben der Menschen
der Schoß der Mutter Erde
die Reise
der Weg zur Mitte
der Weg zu uns selbst.

Diese poetische Definition wurde seither oft zitiert und hat sich nicht verbraucht, so umfassend, so weit und zugleich so tief und so nah ist sie. Ursa Krattiger gehört zu der Frauengruppe, welche in Binningen bei Basel einen Labyrinthplatz plante und anlegte, einer der über sechzig Plätze, die auf dem kleinen Gebiet der Schweiz im letzten Jahrzehnt des 20. Jahrhunderts entstanden sind. Was ist der Grund für eine solche Ausbreitung?
Die neunziger Jahren waren weltweit geprägt von der Verunsicherung durch wirtschaftliche Krisen und einen rasanten Wandel in allen Lebensbereichen. Zudem warf das Ende des Millenniums seinen Schatten voraus, wie dies bei früheren Zeitenwenden nicht anders war. Der Destabilisierung des Lebensgefühls entspricht die Wiedergeburt des Labyrinths, nicht nur hierzulande, sondern in der ganzen westlichen Welt. In der Schweiz nahm sie allerdings eine besonders rasche und weitreichende Entwicklung.[11]
Neben dem Pionierprojekt haben Artikel und Reportagen in den einschlägigen Printmedien (Frauen-, Kultur-, Kirchenzeitschriften[12]) sowie Radio- und Fernsehsendungen beigetragen, indem sie seit 1988 das Labyrinth zum Thema machten. Auch dadurch wurden

die unterschiedlichsten Menschen, vor allem Frauen und Frauengruppen, dazu motiviert, ihre eigenen Labyrinthe anzulegen.

In rascher Folge entstanden durch säkulare und kirchliche Frauengruppen öffentliche Labyrinthplätze im Rahmen von Kirchgemeinden und Tagungszentren, Schulen und Gemeindezentren, die zum Begegnungs-, Meditations- und Kultraum wurden: *„Die Labyrinthe sind Plätze, wo Frauengruppen sich treffen können an einem übergeordneten Ort, in eigener Verantwortung, aber nicht im verborgenen, sondern in der Öffentlichkeit."*[13] Sie ermöglichen den direkten Kontakt und das „Gespräch" mit Erde, Pflanzen und Steinen, persönliche Meditation beim Gang zur Mitte, kulturelle Anlässe, das „Begehen" von Mond-, Jahreszeiten- und Sonnwend- und anderen Feiern, und dabei Begegnungen und Gespräche mit bekannten und unbekannten Weg-GefährtInnen. Ihr „Programm" im weitesten Sinne ist es, auf der Schwelle zum neuen Jahrtausend Raum zu bieten für einen

Das Labyrinth im evangelischen Tagungs- und Studienzentrum Boldern entspricht dem Typus des „baltischen Rades" (Gestaltung: Susanne Kramer-Friedrich und Regula Grogg).

Wandel im Denken hin zu respektvollem Umgang miteinander, mit der eigenen und mit fremden Kulturen, mit der Natur.
Als eine der Labyrinthfrauen der ersten Stunde war ich sehr erstaunt und erfreut über die rasche Ausbreitung der Bewegung und versuchte sie zu dokumentieren. Deshalb erstellte ich für den Sommer 1997 eine Labyrinthkarte der Schweiz[14], auf der sämtliche damals bestehenden (und uns bekannten) Labyrinthplätze eingetragen und mit den nötigen Angaben für Labyrinth-Exkursionen versehen waren. Die Karte war ein voller Erfolg; sie mußte mehrmals nachgedruckt werden, was bei den zahlreichen Änderungen bald nicht mehr sinnvoll war. Seit dem Jahr 2000 sind die Schweizer Labyrinthplätze ständig aktualisiert im Internet abrufbar.[15]

LABYRINTHFRAUEN GEHEN AUCH EIGENE WEGE.

„Die Labyrinthfrau hält ihre Arme weit geöffnet. Sie macht Mut, Gespräche zuzulassen, immer wieder neu hinzuhören, vieles in den Blick aufzunehmen, Probleme zu akzeptieren und auf Illusionen zu verzichten. Der Austausch zwischen den Frauen, die mit dem Labyrinth verknüpft sind, ist wichtig." Sagen Schmid und Barmettler.
Ein großer Teil dieser Labyrinthe wurde von Agnes Barmettler entworfen. Sie alle sind wie das Zeughauslabyrinth Varianten der Urform, deren Konstruktion durch Hermann Kern allgemein bekannt ist. Agnes Barmettler, die Künstlerin, gab aber jedem von ihnen eine eigene, dem Standort angemessene, unverwechselbare Gestalt und machte es so zu einem Unikat. Daneben entstanden – vor allem in kirchlichem Kontext – etliche Nachbildungen des Labyrinths von Chartres, wahre Kunstwerke aus Pflastersteinen.
Einen anderen Labyrinthtypus, der in der Literatur als „baltisches Rad" oder „Schwedenrad"[16] bezeichnet wird, wurde im Evangelischen Tagungs- und Studienzentrum Boldern, Männedorf (ZH), gewählt, für welches ich 1995 im Rahmen meiner Tätigkeit als Studienleiterin zusammen mit der Gartengestalterin Regula Grogg ein Labyrinth anlegen konnte. Das „Rad in der Eilenriede" bei Hannover diente uns als Vorbild. Die Wahl ergab sich aus der Größe des Areals und den Bedürfnissen des Tagungsbetriebs. Das großzügige Radlabyrinth wirkt zudem neben dem benachbarten Japan-Pavillon wie ein Zen-Garten und verstärkt den Charakter des Gebäudes. Seither sind weitere „Räder" entstanden.[17]

In der Zürcher Augustinergasse gibt es ein Haus mit einem bemerkenswerten alten Hauszeichen, das „Haus zum Irrgang" (Nr. 6). Es zeigt ein Labyrinth vom Urtyp in Kombination mit einem Lebensbaum und stammt aus dem Jahr 1550.

Diese Labyrinthe haben zwei Ein- bzw. Ausgänge. Sie lassen den Menschen die Wahl zwischen einem langen, labyrinthischen und einem kurzen, direkten Weg, beim Hineingehen wie beim Herauskommen. Der Ausgang kann seinerseits Eingang sein, denn wer ein Rad betritt, steht – wie in den verschiedensten Lebenssituationen – zuerst vor einer Entscheidung: Welchen Weg soll ich wählen? Will ich rasch zur Mitte kommen und dann den labyrinthischen Weg hinausgehen? Oder wage ich den langen Weg und gehe dann rasch wieder hinaus in die Welt, mit all der Kraft, die ich unterwegs gesammelt, beziehungsweise: ohne all die Last, die ich abgelegt habe? So bleiben Klarheit, Kraft und Befreiung erhalten.[18] Zudem können im Rad gleichzeitig sehr viele (bis zu 100!) Personen unterwegs sein, was für ein Zentrum mit großen Tagungen wichtig ist.

WAS SICH BEWEGT, VERÄNDERT SICH.

„Wie das Herz ist die Labyrinthfrau immer in Bewegung, auch im Stehen. Ihr Herz im Schnittpunkt der Kraftlinien ist Integrationsorgan für unvereinbare Extreme. Sie schreitet voran, Schritt für Schritt. Manchmal braucht es eine beharrliche Geduld. Manchmal verändern sich die Dinge und Verhältnisse überraschend schnell. Wünsche sind nicht Glückssache."

So war es auch in der Labyrinthbewegung. Neue Plätze sind entstanden, während andere wieder aufgegeben wurden oder ein stilles Dasein für sich führen, weil sich die Lebenssituationen einzelner Frauen veränderten, ProjektleiterInnen ihren Arbeitsort wechselten oder pensioniert wurden, Gruppen sich wieder auflösten oder neuen Projekten zuwandten. Der Versuch, die Jahreszeiten- oder Sonnwendfeiern zu regelmäßig wiederkehrenden, gleich gestalteten Ritualen zu machen, hat in einer Zeit, die mit ständig Neuem Aufmerksamkeit erregen will, keinen leichten Stand, so sehr in der weitgehend säkularisierten Gesellschaft der Jahrtausendwende gerade Rituale in bekannten Räumen und Formen der spirituellen Wiederbeheimatung entgegenkommen.

DAS LABYRINTH – SCHON FRÜHER, SCHON IMMER FRAUENSACHE?

Es gibt in Zürich, an der Augustinergasse 6, halb versteckt im Winkel zur St. Peterhofstatt hin, ein altes Hauszeichen über der Tür zum

Auch Agnes Barmettler verbindet in dieser Zeichnung Labyrinth und Lebensbaum-Motiv.

Haus „Zum Irrgang", erstmals urkundlich erwähnt im Jahr 1345, restauriert 1988. Im 14. Jahrhundert wohnten hier Beginen, Frauen also, die sich in klosterähnlichen Gemeinschaften zusammenschlossen, um gemeinsam besser (über-)leben zu können. Nach Ansicht der Restauratorin des Hauszeichens, Brigitte Bütikofer, sei es denkbar, daß das Hauszeichen ein geheimes Erkennungszeichen der Beginen gewesen ist.[19] Es zeigt ein 13-gängiges klassisches Labyrinth, auf dem sich wie aus einem Wurzelgrund eine Eiche erhebt. Die Kombination von Labyrinth und Lebensbaum ist weltweit einmalig – und erinnert an eine Lebensgemeinschaft von Frauen. Es ist vielleicht mehr als ein Zufall, daß die heutige Labyrinthbewegung ihre Wurzeln in Zürich hat, keine halbe Wegstunde vom „Haus zum Irrgang" entfernt.

Logo Labyrinth Project International, geschaffen von Agnes Barmettler

„Sterne fallen selten vom Himmel. Auf der Erde braucht es Eigeninitiative und Ausdauer. Überall auf der Welt vollbringen Frauen große Leistungen und spinnen ein Stück des Lebensfadens weiter. Die öffentlichen Labyrinthe erinnern an sie."

Das Kapitel über die Schweizer Labyrinthbewegung wäre nicht vollständig ohne die Erwähnung des Frauen-Gedenklabyrinths für das Fest der 2000 Frauen in Frankfurt a. M. zu Pfingsten 2000 von Dagmar von Garnier, auch dies ein Kunstwerk von Agnes Barmettler. Tausend helle Steinplatten, auf welche golden die Namen der Frauen graviert sind, die in Erinnerung bleiben sollen, und die Namen derer, die ihnen den Stein gewidmet haben, werden zum Labyrinth ausgelegt und können so von Stadt zu Stadt wandern.[20] Wer dieses Labyrinth begeht, begegnet bahnbrechenden und richtungweisenden, aber oft verfolgten und mundtot gemachten Frauen aus 4000 Jahren Kulturgeschichte. Ihren Namen und Taten auf dem Labyrinth in des Wortes eigentlichem Sinn zu „begehen", ist ein ergreifendes und stärkendes Erlebnis.

Das Schlußwort soll Ursina Vogt haben, eine der Frauen, die seit dem Frühjahr 2001 in die Verantwortung für den Labyrinthplatz Zürich eingestiegen ist, aber schon von Anfang an dazugehörte. Ihr Text, den sie 1991, zu Beginn der zehn Jahre, schrieb, hat damals wie heute – und in Zukunft – seine Gültigkeit:

*Im vollen Vertrauen
in dir meine Mitte zu finden
schreite
laufe
springe
tanze ich
Es gibt kein Zurück auf diesem Weg
nur im Jetzt ein Vorwärtsgehen
mein Lebensweg*

ANMERKUNGEN:

[1] Mein Beitrag der Schweizer Labyrinthbewegung entstand im Dialog mit den beiden Frauen, die das Projekt initiierten und zum Erfolg führten. Die folgenden Zitate von Aussagen der beiden Initiatorinnen stammen, wenn nicht anders vermerkt, aus diesem Text.
[2] Hildegard von Bingen, Antiphon No. 59, übersetzt von der Autorin dieses Beitrags
[3] „Die Differenz zwischen Schöpfergott und Erlösergott wiederholt sich in der Differenz zwischen Machermensch und Hütermensch" in der Zeitschrift DU, Juli 2001, S. 72, Textmontage aus „Die Sonne und der Tod", Dialogische Untersuchungen, Suhrkamp, Herbst 2001
[4] zu Agnes Barmettler siehe deren eigenen Beitrag in diesem Buch, S. 154 ff.
[5] Ursa Weiss
[6] Lisbeth Städeli
[7] Rosmarie Schmid und Agnes Barmettler im Gespräch mit der Autorin im Mai 2001
[8] ebenda.
[9] nach der Untersuchung von *KEKsCDC Consultants* Zürich, Gaby Belz, Feb. 2000
[10] siehe www.labyrinth-project.ch
[11] Gleichzeitig mit den Schweizer Labyrinthen entstanden und entstehen mit Begleitung der Zürcher Labyrinthfrauen in Deutschland u. a. Labyrinthe in Ostfildern, Ingolstadt, Erfurt, Dresden, Frankfurt a. M., Linden b. Gießen, Nürnberg, Framersheim b. Alzey, Berlin, Schloß Schwanberg, Stuttgart, München.
[12] u. a. das Dossier im Kirchenboten der Evang-ref. Landeskirche des Kantons Zürich vom Januar 1992
[13] a.a.O.
[14] für die Zeitschrift *Aufbruch*, Forum für eine Offene Kirche Schweiz
[15] siehe www.labyrinth-project.ch; Standort über Kartensuchmaschine www.telsearch.ch lokalisierbar.
[16] Siehe Nigel Pennick, Mazes and Labyrinths, London 1990, und ders.: Die Spiele der Götter, Meilen 1992
[17] z. B. in Hausen am Albis (ZH)
[18] Dagegen machen Menschen im klassischen Labyrinth gelegentlich die Erfahrung, dass sie auf dem Rückweg die Klarheit und Kraft, die sie auf dem Hinweg gesammelt haben, wieder verlieren – oder die Lasten, die sie auf dem Hinweg abgelegt haben, wieder aufnehmen. Beim Gang durch das Rad bleiben Klarheit, Kraft und Befreiung erhalten.
[19] Bericht von der Pressekonferenz nach der Restaurierung von 1988
[20] Das Erbe der Frauen e.V., Kunst- und Kulturverein, Dagmar von Garnier, Frankfurt/M. – Siehe auch www.frauen-gedenk-labyrinth.de und Dagmar von Garnier (Hrsg.), Buch der 1000 Frauen. Das Frauen-Gedenk-Labyrinth, Frankfurt/M. 2000/2001

Agnes Barmettler

Das Labyrinth – eine Liebesgeschichte
Kreativer Prozeß, Kulturmuster und Kommunikationsmodell

Wann malst du wieder Bilder, wie früher? Seit du mit dem Labyrinth zu tun hast, bist du von der Kunst abgekommen, machst fast keine Ausstellungen.
Solche und ähnliche Äußerungen höre ich von meinen Kollegen und von Kunstsachverständigen, die meine Bilder gesammelt, ausgestellt oder besprochen haben. Sie haben teilweise recht, ich habe meine künstlerischen Ausdrucksmittel erweitert. Es entstehen zwar Bilder, man kann sie nach Hause tragen, aber nicht auf übliche Weise. Sie entziehen sich größtenteils der Einordnung und der Reproduktion sowie dem Markt. Ich arbeite jetzt an einem Werk, das sich ständig verändert, das mit Hilfe von andern immer wieder eine neue Gestaltung bekommt. Das Labyrinth in Zürich macht es mir möglich, ein Kunstwerk sich entwickeln zu lassen, in einem kreativen Prozeß, gemeinsam mit allen, die interaktiv mitwirken.

Meine Begegnung mit dem Labyrinth ist vermutlich ähnlich verlaufen wie bei vielen Menschen, die, von diesem Zeichen angezogen, auf dem Weg sind, um seine Geheimnisse zu erforschen:
Eine Ansichtskarte, das Labyrinth von Chartres, eine Aufnahme aus dem Innern der Kathedrale von oben aufgenommen.
Mich faszinieren die ebenmäßige Zeichnung, die Schönheit der Form, die Balance zwischen Schwarz und Weiß, und die Spannung, die von diesem Bild ausgeht.
Mit dem Finger versuche ich dem Weg zu folgen, was schon bald mißlingt. Ich muß mir ein Streichholz zu Hilfe nehmen, um den Überblick zu behalten. Nun beginne ich den Weg zu zeichnen.
Wie konnte ich bloß glauben, daß ich mir die Windungen in ihrer Reihenfolge merken könne?
Also tu ich das, was auch beim Bau eines Labyrinths erforderlich ist. Ich zeichne die Struktur des Bildes, sein Skelett, das große Kreuz, das über das ganze Bild läuft, mit seinen Achsen, auf denen die Wendepunkte liegen. Ich nenne es das Orientierungskreuz.

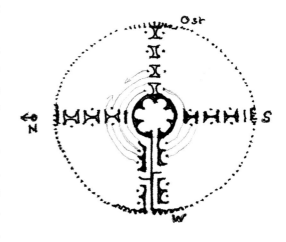

Die wichtigsten Linien und Punkte eines Labyrinths, von Agnes Barmettler festgehalten

Die Labyrinthform und Themen, die mit dem Symbol zusammenhängen, stehen im Mittelpunkt von Agnes Barmettlers Schaffen.

Die meisten Labyrinthe sind nach Osten ausgerichtet, das heißt, beim Betreten schaut man in Richtung des Orients und beim Verlassen in die Richtung des Sonnenuntergangs. Viele sakrale Orte sind auf diese Weise orientiert, meist auf den Aufgang, wie er sich am Ort zur Zeit der Sonnenwende im Sommer oder Winter ereignet. Auf diese Weise zeigen die Achsen die Jahreszeit an.

Das Labyrinth als Orientierungsmuster

Wo stehe ich? Woher komme ich? Wohin soll es gehen?
Ich stelle mir diese Fragen in bezug auf mein künstlerisches Schaffen nun ganz bewußt, weiß, daß mit dem Labyrinth eine Wende eingetreten ist, und ich beschließe, dieses Zeichen in meine Arbeit zu integrieren. Dabei entdecke ich meinen Hang zu ganzheitlicher Betrachtungsweise. Ich will wissen, welche Entsprechungen z. B. die Himmelsrichtungen haben, ordne ihnen Farben zu, oder die vier Elemente, die Lebensalter, die Jahreszeiten, die Temperamente, und damit auch unterschiedliche Gefühle, Sinneseindrücke, Bewegungen, auch Klänge und Rhythmen.
Als Malerin und Zeichnerin arbeite ich flächig in einem gewählten

Format, also nur mit zwei Dimensionen. Diese beginne ich neu auszukundschaften. Eine Reihe von Figurenbildern entstehen, bei denen die Grundzeichen, Kreuz, Kreis, Vier- und Dreiecke, sowie deren Kombinationen wesentliche Inhaltsmerkmale werden. Im Labyrinth sind diese Grundzeichen alle enthalten, wie sie auch im menschlichen Körper ablesbar sind, in der Pflanzen- und Tierwelt sowie in den Mineralien. Mit Hilfe des Labyrinths beginne ich meine Umgebung neu anzusehen und mich selbst als Teil eines Ganzen zu verstehen. Ich erlebe mich und alles mit mir in einer zyklischen Bewegung, im gleichen Raum und auf geheimnisvolle Weise verwandt.

In einer integralen Betrachtungsweise sind die üblichen Trennungen der verschiedenen Lebensbereiche, wie: Familie, Beruf, Wissenschaft, Kunst, Politik nicht gegeben. Da gibt es auch keine Trennung von Geist und Materie. Sie sind nur unterschiedliche Aspekte von etwas, das als Einheit vorhanden ist. Sie sind wechselwirksam miteinander verbunden. Eine abenteuerliche Reise durch die Vielfalt des Lebens und seiner Äußerungen beginnt, ein schöpferischer Prozeß.

Bei der Erforschung des Labyrinths helfen mir vor allem Kinder. Bücher sind um 1975 kaum greifbar. Nach etwa sieben Jahren zeichnerischer Annäherung an das Urbild entstehen mehrere Labyrinthe im Rahmen von Kunstausstellungen. Zum Teil sind dies Installationen, die das Publikum verändern darf.

Mit den Dimensionen von Raum und Zeit kann ich Lebenszusammenhänge von andern Orten und zu andern Zeiten dazunehmen. Dabei verändert sich das Weltbild, alles zeigt sich in Beziehung, in Verwandtschaft zueinander, relativ, auch die üblichen Wertungen.

Zeichnung von Agnes Barmettler

Vier Bilder aus einer Video-Arbeit zum Thema Labyrinth (gemeinsam mit Anka Schmid)

Vermutlich treffe ich nicht ganz so zufällig auf die Kultur der Hopi, wie es mir anfänglich erscheint. Die Reibung mit diesen Menschen ist in meine Arbeit eingeflossen.

Für mich ist es undenkbar geworden, die Kunst in den ihr üblich zugedachten Bereichen auszuüben, innerhalb der Gesetze des Kunstmarktes oder der Kunstvermittlung. Wenn sie ihre Möglichkeiten voll ausschöpfen soll, wird sie sich daraus befreien müssen. Sie soll wieder werden, was sie schon immer ist: die kreative Umsetzung von dem, was wir sehen, hören, denken und fühlen, ein Medium, das allen Menschen offensteht. Sie müßten nur bereit sein, ihr kreatives Vermögen zu gebrauchen.

Aufnehmen, verarbeiten, umsetzen, abgeben sind Bewegungen in einem kreativen Prozeß. Schritte, die einem Gang durchs Labyrinth gleichen. Diese Schritte sind auf beiden Seiten zu tun, von den Kunstschaffenden und auch von jenen, die den Zugang zu einem Kunstwerk suchen. Im besten Fall für beide Seiten wird daraus ein interaktiver Prozeß, bei dem aufnehmen und abgeben hin und her wechseln. Das Werk wird lebendig.

Wenn ein Kunstwerk leben soll, muß ich mich öffnen, meine Sinne, meinen Geist bereithalten für das, was kommt. Ich lasse mich ein ins Unbekannte, ich mache mich auf, gehe einen Weg, von dem ich nicht weiß, wohin er mich führt. Ich fange an aufzunehmen, was mir im Verlauf des Wegs begegnet, und verarbeite es, gewinne beim Weitergehen den nötigen Abstand, um das Gemachte kritisch zu betrachten. Nun beginnt das Werk eigenständig zu werden. Es tritt mit mir in eine Art Dialog.

Ich verändere das Werk und werde dabei verändert. Ich komponiere, setze um, nehme Abstand, betrachte, verweile und gehe weiter, bleibe dabei, harre aus, ich zweifle, bin verunsichert. Meine eigenen Schritte irritieren mich, ich bin längst nicht mehr sicher, ob ich mich auf einem Weg befinde, der zu einem brauchbaren Resultat führt.

Trotzdem, ich gebe nicht auf, werde neugierig auf das, was mich stocken macht, und möglicherweise sehe ich unverhofft eine neue Gangart. Nach und nach werde ich fähig, einen Überblick zu bekommen, die Standpunkte und Betrachtungsweisen nach unterschiedlichen Kriterien zu ändern. Es ist, als ob ich die eigenen Schritte nochmals mache und den ganzen Prozeß mit neuen Gesichtspunkten erfahre.

Das Werk verselbständigt sich. Es beginnt auf seine Art zu wirken und es wird sich bei jeder kreativen Auseinandersetzung wieder ändern und eine Veränderung in Gang setzen bei der Person, die sich darauf einläßt, etwas anfangen will damit.

Ich habe Glück: 1973 begegne ich der Ausstellungsmacherin Rosmarie Schmid. Sie hat mich und meinen künstlerischen Werdegang seither ebenso begleitet und geprägt wie das Labyrinth. Wir arbeiten zusammen. Das Labyrinth öffnet sich. Es wird unsere gemeinsame Wirkungsstätte und auch der sichtbare Teil des Kunstwerkes, das wir anfangen und mit andern weitergestalten.

DAS LABYRINTH ALS KULTURMUSTER

Fragen. – Welche Fragen stehen am Anfang des Fragens? Was soll das? Was bedeutet das mir? Dieselbe Frage, immer wieder an unterschiedliche Inhalte gestellt, legt den Sinn des Seins offen, nach und nach. Wer bin ich? Wozu bin ich da? Was heißt Kultur schaffen, kultivieren, Kultur fördern? Keine Antwort ohne die Reibung mit dem anderen außerhalb meines Selbst.

Ich brauche ein Du, das mich in Frage stellen kann, mit dem ich mich vergleichen, von dem ich mich unterscheiden kann. Die Kunst ist so ein Du, auch das Labyrinth, irgendwer oder irgend etwas kann es sein. Du bist, sagt das Du, und es sagt mir, es ist gut, daß du bist. Das ist der Anfang des Werdens.

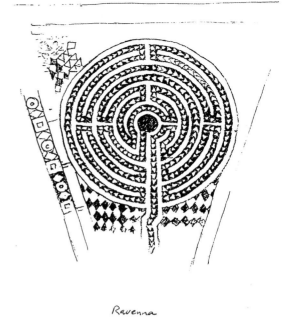

Beim Studium vieler Labyrinthe auf der ganzen Welt zeichnete Agnes Barmettler auch zahlreiche der unterschiedlichen Strukturen nach (hier das Kirchenlabyrinth von Ravenna)

Anfangen. – „Mit zeitgenössischer Kunst kann ich nichts anfangen. Ich weiß nicht, was das soll, das Buch, der Film, das Bild oder diese Art Theater, Musik und Tanz zu machen." Ein Statement zur Kunst der Gegenwart, geäußert nicht nur von Menschen, die alles ablehnen, was ungewohnt ist, sie nicht dort abholt, wo sie stehen, oder was nicht ihrer Zerstreuung und Unterhaltung dient.

Mit solchen Sätzen stellen sie durchaus einen Anspruch. Die Kunst soll einen Sinn haben, etwas bewirken. Sie möchten etwas anfangen können damit.

Was heißt das? Etwas bisher Unbekanntes erkennen, erfahren, sich einlassen in eine noch nicht erkundete Wirklichkeit. Sie wünschen sich zu bewegen und sich bewegen zu lassen. Und dennoch fehlt etwas. Wo ist die Neugier, der Reiz oder der Anstoß für den ersten Schritt? Ist die Sehnsucht groß genug, ihn zu wagen? Wohin wird das führen?

Niemand weiß beim Betreten von Neuland, was kommen wird. Anfangen ist Risiko und Chance zugleich.

Auseinandersetzen, durchhalten. – Nach dem ersten Schritt ins Labyrinth verändert sich die Sicht auf das bisher Vertraute. Es ist nicht mehr dasselbe wie vorher. Standpunkte und Blickwinkel ändern sich mit jedem folgenden Schritt. Der Horizont erweitert sich. Nicht immer wird die neue Sichtweise als angenehm empfunden. Das Gewohnte muß revidiert werden, Zweifel mögen aufkeimen. Im neuen Licht bekommt alles ein anderes Gesicht, wird vielleicht in Frage gestellt, bekommt einen andern Stellenwert im Ganzen. Unerwartet plötzlich zeigt sich mir ein neues Bild von mir und von der Welt.
Mich dem Ungewissen auszusetzen, verunsichert, irritiert, macht Angst. Oft fehlt der notwendige Mut, die weiteren Schritte zu wagen. Mich einlassen ins Unbekannte, vertrauend auf das, was kommen mag, das ist der Anfang jeder Liebesgeschichte. Es ist der Keim zum Glück.
Der Gang durchs Labyrinth ist ein kreatives Fortschreiten, Schritt für Schritt, etwas, das ich mir zutrauen und zumuten möchte, selbst dann, wenn es schwer wird, unbeirrt weiterzugehen.
Der Zugang zur Kunst ist damit verwandt, und dies gilt für das Entstehen eines Kunstwerks wie für die Auseinandersetzung damit. Beides kann lange dauern.

Teilnehmen, Teil sein. – Im Labyrinth gibt es keine Unbeteiligten. Sobald jemand eintritt in das Bild, ist sie oder er Teil des Bildraums und verändert ihn.
Im Labyrinthproject sammeln wir neue Erfahrungen mit der Kunst. Wir bringen kein vollendetes Werk und geben es frei für Interpretationen. Wir bieten es nicht zum Kauf an oder zum Konsumieren in irgendeiner Form. Hier entsteht ein Werk, das sich entwickelt nach und nach, in einer gemeinsamen Anstrengung von vielen Beteiligten.

Details aus einem Schneelabyrinth von Agnes Barmettler

Da ist der Labyrinthgarten, ein Bild, das sich mit dem Vegetationszyklus ständig verändert. Mit ihm verbunden werden weitere Bilder geschaffen: Szenen, Musik, Tanz... aus der Situation des Moments. Rosmarie Schmid und ich, wir haben Glück, es scheint ein Bedürfnis zu geben für diese Art von Kunst.

In den vielen Jahren, seit der Labyrinthgarten in Zürich entstanden ist, haben wir die Leute aufgefordert und ermuntert, sich zu beteiligen, angefangen mit der Anlage des Gartens und dessen Pflege, und weiter an den regelmäßigen Veranstaltungen, wo Themen des Lebens, des gewohnten Alltags, in Bilder, in Sprache oder in Musik umgesetzt werden. KünstlerInnen aus verschiedenen Kunstgattungen nehmen an diesen Prozessen teil, geben und bekommen Impulse.

Die meisten Menschen, die den Garten betreten, ihn anbauen und pflegen oder sich zu den Veranstaltungen einfinden, nehmen sich vorerst nicht wahr als mitgestaltender Teil eines sich ständig verändernden Kunstwerks. Warum?

Das fehlende Bewußtsein der eigenen kreativen Kraft veranlaßt viele, dieses Vermögen bei sich brachliegen zu lassen, es an andere zu delegieren. Sie fühlen sich nicht kompetent genug, ihre eigenen Gedanken oder Inspirationen für andere nachvollziehbar umzusetzen. Kunst, das ist den besonders Begabten vorbehalten, das ist ein virtuos gemachtes Werk, glauben sie, etwas, was ihnen nie gelingen wird.

Wir glauben, dieser Kunstbegriff sei zu eng, er könne sich ändern.

Ermächtigen. – Es wird also darum gehen, die Teilnehmenden zu ermächtigen, ihr kreatives Vermögen zu brauchen: Es fordernd fördern. Sie nehmen wahr, daß sie mehr können, als sie sich selber zutrauen.

Auf die Frage, was bedeutet das Labyrinth, kommt nicht eine konsumierbare Antwort, sondern zum Beispiel: Gehe hinein und befrage das Labyrinth, du wirst es erfahren, immer wieder neu, ich bin neugierig, was du herausfindest. Die Antworten sind so vielfältig und tief wie die Fragen und die Menschen, die sie stellen. Das gilt für alle Themen. Im Labyrinth kommen oft rätselhafte Einsichten, und es folgen daraus neue Fragen. Ein kreatives Spiel beginnt, die Lust ist geweckt weiterzugehen.

Wir lassen die Menschen ihre eigenen Erfahrungen machen mit dem Bild, wir zeigen Interesse an dem, was sie wissen. An den Veranstaltungen geben wir ein Thema, das mit KünstlerInnen oder mit andern Gästen vorbereitet wurde. Wir bestimmen einen zeitlichen Ablauf und die Aufgaben, die jeweils von den Beteiligten erwartet werden. Sie sollen nicht bloß einer Kunstperformance beiwohnen, sondern sind eingeladen, selbst kreativ zu sein, ihren Teil beizutragen. Sie sind somit wesentlich mitverantwortlich für das Gelingen wie für das Scheitern. Plötzlich erworbene Einsichten oder Fähigkeiten sind überraschende Momente. Sie regen an, wecken die Geistesgegenwart und ermuntern jene, die vorerst abwartend zuschauen, auch etwas zu wagen, ihre Begabungen ins Spiel zu bringen.

Das Labyrinth wird zum Übungsfeld für kreative Einfälle. Mit seiner Form und seinen Bewegungen versetzt es die Menschen in Schwingung. Es schenkt ihnen die Energie, etwas Außergewöhnliches zu tun. Wenn sie nach Hause gehen, ist dieser Prozeß nicht abgeschlossen. Das Erlebnis wirkt weiter im Alltag, hilft, ihn kreativ zu gestalten. Sie haben gelernt, gewöhnliche Dinge neu zu sehen§ und auf ungewöhnliche Weise damit umzugehen.

Umsetzen. – Der labyrinthische Weg kennt nicht nur die Bewegung nach innen, in die Tiefe des Innewerdens, des Bewußtseins. Das ist erst die Hälfte eines kreativen Prozesses. Ohne die Äußerung, die schöpferische Umsetzung bleiben die erworbenen Erkenntnisse in der Sackgasse des eigenen Selbst gefangen. Sie bekommen keine für andere wahrnehmbare Gestalt. Der Labyrinthweg verlangt auch die Bewegung nach außen. Aus sich herausgehen, herauslassen, hergeben, das sind Schritte um herauszufinden, wie ein Werk sich ändert, von Wendung zu Wendung dichter wird, eigenständig, lebendig. Immerzu weiter und weiter, das ist ein schöpferisches Prinzip, ein kreativer Weg.

Wandeln, lieben. – Im Gartenlabyrinth oder im dazugehörigen Kompost wird sichtbar: Die Natur kennt keine abgeschlossenen Prozesse, das Leben wandelt sich dauernd. Für die Kunst gelten die gleichen Gesetze, nicht erst seit sie benannt sind als „art in progress". Wir haben die Kunst herausgelöst aus den ihr zugedachten Räumen, haben den Garten zur Werkstatt gemacht, zur kreativen Wirkungsstätte. Gleichzeitig ist er Erholungsraum, Treffpunkt und die Bühne für Szenen und Tanz. Er ist ein Klangraum für unterschiedliche Musik geworden, ein Übungsfeld für direkte Kommunikation, für politische oder philosophische Diskurse.

All das ist nicht nur für ein auserlesenes Kunstpublikum zugänglich, sondern hier geraten Menschen miteinander in kreative Reibung, die nie einen Fuß in ein Kunsthaus, einen Konzertsaal, eine Universität wagen würden. Und sie geben den Kunstschaffenden Impulse und bekommen selbst welche.

Es ist eine wunderbar lohnende und inspirierende Arbeit, die ich hier mit andern zusammen machen darf. Im Labyrinth wird Lernen und Lehren zur Selbstverständlichkeit. Die kreative Kraft entdecken, sie mit andern austauschen, sie dabei erneuern – alle, die sich darauf einlassen, sind kompetent, wie in der Liebe. Es ist leicht, glücklicherweise, mit Hilfe des Labyrinths die unterschiedlichsten Menschen zu verführen, egal welche Herkunft, welches Alter, welchen Bildungsgrad sie haben.

Das Labyrinth als Kommunikationsmodell

Das Labyrinth stellt Kontakte her. Es verbindet Dinge, die scheinbar nichts oder wenig miteinander gemeinsam haben, das heißt, sein Bewegungsmuster erleichtert das Wahrnehmen und Erkennen von Wechselwirkungen in einem zusammenhängenden Ganzen.

Garten, Pflanzen, Tiere und Kompost, das Wetter, die Gießkanne oder sonst ein Werkzeug, ein Stück Stoff, ein Besen, Steine, ein Spiegel, Schuhe, ein gedeckter Tisch – fast jedes beliebige Ding kann eingesetzt werden als Mittel zum Gestalten von labyrinthischen Bildern.

Wir nehmen diese Dinge aus ihrem üblichen Zusammenhang heraus, füllen sie mit andern Inhalten oder stellen neue Zusammenhänge her, geben ihnen einen übertragenen Sinn. Der Labyrinthgarten ist das Quartier oder die Stadt, vielleicht die ganze Erde. Die Pflanzen stehen für die Menschen, für ihre Verletzlichkeit und Stärke, für die Vielfalt ihrer Eigenarten etc. Der Kompost gleicht einer geistigen Tätigkeit oder er veranschaulicht die zyklischen Gesetze von Werden, Vergehen, sich verwandeln, neu werden… Wetter, Wasser, Feuer, Gießkanne etc. helfen als Bildträger für komplexe Themen des Lebens. Die Arbeit im Garten, das Zusammenleben an diesem Ort sind grundlegend für die Themenwahl: Stehen und Gehen, Umgehen mit Einsamkeit, Ohnmacht und Macht, Tod und Trauer, Gewalt, Angst, Freude, Glück…

Gedanken oder auch die Gefühle lassen sich in labyrinthische Bilder fassen. Ein Beispiel:

Das Labyrinth, aufgemalt auf dem Asphalt, wir werfen allerlei Unrat auf das Bild. Sieben Leute bekommen einen Besen und sollen nun je einen Rundgang des Labyrinths kehren. Sie tun das energisch und schieben dabei den Unrat in den nächstliegenden Rundgang.

Das ist das Bild, das zum Thema Einsamkeit gestaltet wurde. Wir haben dabei herzlich gelacht, obwohl uns die Tragik des einsamen Menschen anschaulich vor Augen geführt wird. Dann lassen wir die Anwesenden durch den Garten gehen, sie sollen sich unterwegs befragen, wann und in welcher Weise sie einsam sind, und es nachher aufschreiben. Wir sammeln die Zettel ein, und bei der nächsten Veranstaltung verteilen wir sie an die jetzt Anwesenden. Diese sind nun aufgefordert, über das zu sprechen, was auf dem Zettel steht. Ihnen fällt es viel leichter, als wenn sie über eigene Erfahrungen reden müßten. Zudem versetzen sie sich in eine andere Person, bekommen die Möglichkeit, ihre Gedanken und Gefühle auszudrücken, ohne sich bloßzustellen vor fremden Menschen.

Sich äußern, ungeübt, in der Öffentlichkeit, zu einem Thema, das persönlich nahegeht, ist schwierig und kann peinlich werden. Wir nehmen die Kunst als Medium dafür zu Hilfe. Das Labyrinth gibt die Werkzeuge, erleichtert die notwendige kreative Umsetzung, ist quasi unser öffentliches Atelier.

Die Veranstaltungen sind ja nicht in einem geschützten Raum, sondern unter freiem Himmel, mitten in der Stadt. Man braucht sich nicht anzumelden, es kann kommen, wer will, es kostet keinen Eintritt. Manche stoßen zufällig dazu, angezogen von einer Menschenmenge oder von der Musik, und sofort sind sie mitten im Geschehen. Da kann es schon vorkommen, daß ein Obdachloser Gedichte anhört und nachher mit Menschen ins Gespräch kommt, die, in einem andern Zusammenhang, ihn achtlos hätten stehenlassen.

Im Labyrinthgarten ergeben sich Begegnungen von einander fremden Menschen ganz natürlich. Der Weg ist schmal, man sieht einander immer wieder unterwegs, und plötzlich kommt man einander entgegen, wörtlich und im übertragenen Sinn. Diese Begegnungen sind jederzeit möglich, bei Tag und in der Nacht. Sie ereignen sich meist unverhofft, spontan.

Die Menschen sind im Labyrinth zugänglicher, offener als irgendwo an einem öffentlichen Ort. Es ist, als ob sie ihre Energien freier fließen lassen. Wahrscheinlich spüren sie hier etwas, was sie mit andern verbindet, und sie sind geneigt, Gedanken und Gefühle auszutauschen. Eine zufällige Begegnung kann sich ausweiten zum unvergeßlichen Ereignis. Vielleicht ist es eine Pflanze oder eine kleine Maus, ein bestimmter Geruch oder die Anordnung der Farben im Labyrinthbild, die den Anstoß geben für die gegenseitige Öffnung. Ähnlich wie bei andern Kunstwerken: Auch da ist es oft ein Detail, das den Einstieg erleichtert oder das Aha-Erlebnis auslöst.

Das Pflanzenlabyrinth ist voll von solchen Details, voll von Erinnerungsträgern für unvergeßliche, kreative Schritte, die ich mit vielen andern gehen darf.

Mit dem *Labyrinth-Projekt* hat für mich eine Liebesgeschichte angefangen. Sie hat sich in eine abenteuerliche Reise durch die verschiedenen Bereiche der Kunst und ihrer Ausdrucksmittel weiterentwickelt.

Ilse M. Seifried

Das Labyrinth und ich
Erfahrungen und Denkanstöße

Auf einen Holzboder zeichnete ich 1997 zum ersten Mal das Labyrinth als eine mir vermeintlich unvertraute, fremde Struktur. So begab ich mich auf den labyrinthischen Weg, begab mich vertrauensvoll ins Erleben.

Weil Erlkenntnis Objekt und Ereignis ist …

Die sieben Wendungen des erstaunlich langen Weges – das Zentrum, das auch der Ort der Umkehr ist – der Ausgangspunkt, der Ausgang in zweifachem Sinne ist: Er ist mit dem Beginn räumlich ident. Zwei Pole: Objekt/Ereignis wie auch Anfang/Ende fallen zusammen in eins. Getrennt sind Eingang und Ausgang einzig durch die Zeit, die zwischen ihnen liegt. Sie unterscheiden sich durch den Erfahrungsschatz in uns, der in jenem Zeitraum den Innenraum füllt.
Zeit und Raum lösen sich im Labyrinth-Erleben auf. Der Körper jedoch speichert jede (Labyrinth-)Erfahrung und integriert sie so, wie das Labyrinth uns in sich integriert, gleichsam in einem Mutterschoß.
Völlig aus dem Gedächtnis entschwunden war mir, daß ich sieben Jahre davor, also 1990, im Buch *Frauen verlassen die Couch – Feministische Psychotherapie* den Beitrag von Monica Monico *Labyrinth und Psychotherapie* gelesen hatte. Ich erinnere mich nicht an meine Gedanken und Gefühle, sehe jedoch, daß ich folgende Passage unterstrichen hatte: *Es gibt Orte, wo noch niemand war, trotzdem sind sie metaphorisch erschlossen. Die Hölle gehört dazu und das Paradies. Zwischen beiden vermittelt das Labyrinth als irdischer Ort. Und als zeitlicher, denn das Paradies ist verloren, und vielleicht steht uns die Hölle bevor, aber das Labyrinth ist Gegenwart.*
Auch diese Sätze hatte ich markiert: *Ich sehe mich als Therapeutin vor dem Eingang sitzen mit dem Faden in der Hand. Das andere Ende ist bei meiner Klientin, die im Labyrinth umgeht.*

Nach diesem Original der Südtiroler Künstlerin Christine Gutgsell wurde der Labyrinth-Spielplan für das Buch „FQ – Frauenquiz" gedruckt.

Sieben Jahre später hatte ich ein Buch zum Lesen und Spielen, das *FQ – Frauenquiz* publiziert. Diesem ist ein Spielplan beigelegt, den ich bei der Südtiroler Künstlerin Christine Gutgsell in Auftrag gegeben hatte – mit einer einzigen Vorgabe: die Grundstruktur (aus Monicos Beitrag entnahm ich diese) muß ein siebengängiges Labyrinth sein. Ich begründete es weder ihr noch mir.

Jene Sommerwoche 1997, da ich drei heftige Regentage lang Brigitte Riebes Roman *Im Palast der blauen Delphine* las, der den

Mythos von Theseus und Ariadne, vom Labyrinth und dem Faden erzählt, brachte mich wieder zum Thema. Ich hatte mich entschieden, meine neun Sommerferienwochen nicht zu verplanen, sondern ausschließlich meiner Intuition zu folgen. Im Kino hatte ich den Film *Kamasutra* gesehen, der mir Lust auf Flamencotanzen machte. So flog ich nach Spanien, jenes Kreta-Buch im Gepäck, das ich doch erst nach dieser Reise las, ohne Flamenco getanzt zu haben. An den darauffolgenden drei Tagen tanzte ich, nachdem ich mich spontan zu diesem Workshop entschlossen hatte, griechische Tänze[1], unter anderem den sogenannten *Labyrinth-Tanz*. Unvergeßlich jener Montag, dem zwei Monate folgten, in denen ich recherchierte: Was ist ein Labyrinth?

Ich hatte den Artikel und auch den Spielplan völlig vergessen. Der Zufall – eine Freundin gab es mir zu lesen – legte Hermann Kerns Buch *Labyrinthe. Erscheinungsformen und Deutungen. 5000 Jahre Gegenwart eines Urbilds* in meine Hände. Dieses Werk beeindruckte mich und tut es immer noch – dem Autor gehören mein Respekt und meine Dankbarkeit. Er legte mit seiner Arbeit den Grundstein wissenschaftlicher Labyrinthforschung.

Einer seiner wesentlichsten Sätze für mich ist: *Wer vor Neuland steht, muß es auch betreten.* Und die Fragestellung: *Welche Voraussetzungen müssen vorliegen, damit in einer bestimmten Kultur die Labyrinth-Vorstellung überhaupt denkbar wird?* Kern berücksichtigte allerdings in keiner Weise feministische Forschung. Diesen fehlenden Aspekt mußte also ich selbst einbringen bzw. ihm nachgehen.

Durch die intensive Auseinandersetzung mit dem Eurydike-Mythos im Sommer 1996[2] kannte ich die Antike als die Zeit radikaler Um-Interpretationen und Um-Wertungen weiblicher Symbole im Sinne patriarchaler Denkwelten. Ich polarisierte, das mußte sein, um Klarheit über die beide Welten Matriarchat und Patriarchat zu bekommen. Die für mich wesentlichste Entdeckung war, daß Orpheus scheiterte, weil er den Worten der Göttin nicht vertraut hatte.

Im Jänner 1997 stellte ich das Manuskript *feuerblätter im wind* fertig. Thema und Grundlage dieser Arbeit war das Libretto von Mozarts Zauberflöte. In diesem spielt die Schlange eine wesentliche Rolle und der Machtkampf zwischen der Königin der Nacht und Sarastro, dem Vertreter einer patriarchalen Welt. Ich durchlebte jede Person des Stücks und konnte mit allen schließlich Frieden schlie-

ßen. Das war kein einfacher innerer Prozeß gewesen. Diesen Winter hatte ich auch mit der Weiterbildung *Klang-Rhythmus-Trance* bei Wolfgang und Ulrike Strobel[3] begonnen. Somit hatte ich im Sommer 1997 die wohl bisher besten Voraussetzungen, mich mit dem *Labyrinth* differenzierter auseinandersetzen zu können.
Meine Annäherung an das wie auch meine Begegnung mit dem Labyrinth war selbst labyrinthisch. Was also ist ein Labyrinth und was hat es mit dem Labyrinth auf sich? Ich recherchierte und erfuhr, daß der Begriff *Labyrinth* in der Antike von der Vorstellung eines Irrgartens überlagert und mit dem Ariadne-Mythos verbunden wurde. Warum und mit welchen Konsequenzen geschah das?

Im September 1997 war mein Wunsch geboren, eine Labyrinthausstellung zu gestalten. Am 23. November 1999 wurde sie in St. Pölten eröffnet. In dieser Zwischen-Zeit lernte ich viele Labyrinth/Irrgarten-SpezialistInnen kennen. Ich diskutierte, las und schrieb sehr viel. Und ich erlebte 1998 auf der 5. Labyrinth-Konferenz in St. Louis (USA) die Gründung der *Labyrinth Society* mit. Nach vielen Labyrinth-Begehungen (alleine, zu zweit und in Gruppen) vertrat ich damals den Standpunkt, daß ein Verein mit seinen Strukturen und allem, was damit zusammenhängt, dem Geist des Labyrinths zuwiderläuft. Ebenso galt meine innere Ablehnung dem christlich umgedeuteten Labyrinth des Chartres-Typs. Diesen Weg zu gehen, erlebte ich als mühsam, beinahe qualvoll, fühlte mich in einem ungeheuren Maße gegängelt und konnte nichts an Lebensfreude dabei spüren. Für mich kam da eine Seite des Katholizismus herein, die ich lieber abschütteln, als mir aneignen wollte.
Wenn ich vom Labyrinth spreche, meine ich deshalb immer das siebenwendige, das Ur-Labyrinth (meist *kretisches* oder *klassisches* Labyrinth genannt). Es ist das mir liebste. Diesem galt und gilt alle meine Aufmerksamkeit und mein Interesse. Diese Affinität führte eine Zeitlang sogar zu einer Identifizierung.
In diesem Zusammenhang waren die oft sehr emotional geführten Diskussionen mit Rosemarie Sternagl und Gundula Thormaehlen-Friedman[4] aufwühlende und glücklichmachende Bereicherungen. Als Beispiel sei das Labyrinth der Hopi-Indianer genannt, das bei der Initiation von Knaben zu Männern eine Rolle spielte. Eine unserer Thesen lautete: Frauen brauchen keine Initiation, wenn sie ihre ursprünglichen Potentiale leben.

> **MINOTAURUS**
>
> *Die Lüge*
> *hat dich*
> *zum Monster gemacht*
>
> *Du, Geliebter*
> *der großen Göttin*
> *Tänzer*
> *in den Spiralen*
>
> *Alles-Verbinder*
> *Löser der Glieder*
> *Hüter der Tiefe*
> *Führer zum Licht*
>
> *So aber*
> *hatte dein Sterben*
> *auch den Tod*
> *der Mutter besiegelt*
>
> *Tief in mir drinnen*
> *gibt es ein Wissen*
> *um Wiedergeburt*
> *und dieses Sehnen*
>
> *hält mich am Leben*
> *bettet die Seele*
> *auf wissendem*
> *Leib*
>
> Rosemarie Sternagl

Ein anderer Aspekt war: Welche Bedeutung hat das Labyrinth gegenwärtig für Frauen? Sie erlangen nach Jahrtausenden der Männerherrschaft ihre Eigenmächtigkeit zurück, war unsere Antwort.

Die Sichtweise, daß es die eigenen Erwartungen und Vorstellungen sind, die einem begegnen, ließ uns zur Ekenntnis kommen, daß Theseus im Labyrinth nicht die Große Göttin sieht, sondern den von ihm dort erwarteten Minotaurus. So bekämpft er im Minotaurus die Frau.[5]

Welche Bereiche beschäftigten mich damals? Aufgrund meiner Irrgarten- und Labyrintherfahrungen und theoretischen Auseinandersetzungen begegnete ich den Aspekten: Führen und führen lassen. Eng damit verbunden dem Thema: Vertrauen. Im Labyrinth führt der Weg zum Zentrum. Im Irrgarten führt die Intuition, einzig im Vertrauen auf diese eigene innere Stimme, zum Ziel. Es geht dabei um das Urvertrauen, in dem das Selbstvertrauen wurzelt. Ein Problem ist oft unsere Schwerhörigkeit im Lärm der Welt und der Prägung der Erziehung. Zweifle ich, mache ich aus einer Möglichkeit zwei.

Wie kann eine Unsicherheits-Kompetenz entwickelt werden? Lernen *mit* Unsicherheit zu leben statt *gegen* sie. Das Labyrinth die beste Übung, der Irrgarten ist das beste Feedback für die eigene Intuition (siehe S. 191).

Die westliche Kultur- und Entwicklungsgeschichte führt aus dem Paradies der Einheit in die Welt der Dualität, in das mehrwegige Labyrinth, den Irrgarten, mit Entscheidungsforderungen und Sackgassen. Der Irrgarten ist somit das Symbol für *Verführung* par excellence und des (Ver)Zweifel(n)s. Im Irrgarten das Labyrinth zu erkennen, ist eine Kunst für sich. Damals schrieb ich:

> aus dir schöpfend
> gieße ich mich
> ins Angstmeer
> siebe mich in den Strom
> des Zweifels
> durchwandere
> Wüsten
> des Getrenntseins
> Labyrinth
> aus dir schöpfe ich
> grundlos
> Vertrauen

Wenn ich davon ausgehe, daß ich mein Weltbild selbst erschaffe, kann ich es auch modifizieren und verändern, und dann ist es relevant, ob ich mich auf das Bild eines Irrgartens oder das eines Labyrinths für meinen Lebensweg entscheide und festlege. Ich entschied mich für das Labyrinth.

Und so legte ich, Stein für Stein, ein siebengängiges Labyrinth in der großen Ausstellungshalle. Im Vorwort zum Ausstellungskatalog schrieb ich: *Lange dauert es, bis die Erkenntnis reift. So wie reife Nüsse sich vom Stamm lösen, löst sich die Erkenntnis vom Baum der Vorstellungen. So wie die Schlange sich aus ihrer alten Haut windet, winden wir uns durch das Labyrinth, streifen unsere alte Haut ab, reiben uns am Leben. Nicht einmal. Siebenmal.*
Ein Qualitätsäquivalent im Musikalischen ist für mich Tuvinischer Obertongesang. Dieser füllte, mit Stille abwechselnd, den Hallenraum.[6]

Die Ausstellung war gut besucht, und ich war neugierig auf die Reaktionen. Einige BesucherInnen trugen sich im Gästebuch ein. Auf das Labyrinth selbst bezogen sich folgende:

@ Die neue Erscheinungsform des Labyrinths?

Endlich wurde aus dem Irrgarten ein Labyrinth!

Das Kreuz weicht zurück und das Labyrinth nimmt wieder seinen angestammten Platz ein. Wieder einmal führen alle Wege – nein, nicht nach Rom, sondern ins Zentrum.

Das Vermeiden positiver Bewertung christlicher Labyrinthdeutung fällt auf und stimmt nachdenklich.

Ja, ja, natürlich könnte man die Ausstellung vergrößern, viel mehr anschaffen an Originalen, immer mehr und mehr – würde sich das Geheimnis des Labyrinths dadurch entschlüsseln? Ich glaube, erkennen können wir nur, wenn wir hineingehen und es durchwandern.

Ich bin zum ersten Mal in meinem Leben ein Labyrinth gegangen. Wie interessant doch das Leben ist!

In der Ausstellung lag auch ein Fragebogen[7] auf, dessen Auswertung sich so zusammenfassen läßt: 73 Prozent der Männer und 96 Prozent der Frauen erlebten die Labyrinthbegehung positiv. Neben Entspannung, Ausgeglichenheit, Problemlösungen finden und spirituellem Erleben wurden auch unangenehme Erfahrungen wie Desorientierung und Irritation gemacht. Frauen lassen sich mehr und intensiver auf eine Labyrintherfahrung ein, was sich am Tempo, dem Verweilen, der Neugierde und dem Erleben zeigt. Sie können diese Erfahrung positiv und stärker als Männer für sich nützen.

Für mich ergab sich aus diesem Ergebnis Lust nach einer wissenschaftlichen Untersuchung über die Wirkkraft des Labyrinths. Ein Jahr davor hatte ich mit neunjährigen SchülerInnen ein dreiwöchiges Labyrinthprojekt durchgeführt und beobachtet, daß Kinder mit sonderpädagogisch erhöhtem Förderbedarf besonders gerne, langfristig und mit ausgleichender Wirkung das (Holzkugel-)Labyrinth verwendeten.[8] Vielleicht könnte das Labyrinth gezielt therapeutisch eingesetzt werden? Das eingereichte Projekt wurde von der Förderstelle jedoch abgelehnt.

Ich dachte, mit der Ausstellung (die die erste Labyrinthausstellung in Österreich war) sei mein Labyrinth-Engagement zu Ende. Daß

Stein für Stein von Ilse M. Seifried gelegt: das Labyrinth in der St. Pöltener Shedhalle (1991). Darin zu wandeln, war eine neue Erfahrung für viele Menschen.

Gundula mich damals auslachte, störte mich nicht. Ich glaubte es besser zu wissen und zog mich tatsächlich innerlich vom Thema zurück. Aber ich lernte in dieser Zeit die Worte und den Rat der Lyrikerin Rose Ausländer[9] ernst zu nehmen:

Nimm dich in acht

Du bist der Gefangene
deiner Gedanken

die Welt in dir
kennt keine Grenzen

Deine Füße sind wund
vom Suchen der richtigen
Richtung

Nimm dich in acht
vor dem Willen
der dich zu einem
Spielzeug macht
das ein Kind zerbricht

Neun Monate später machte ich im November 2000 wieder eine innere 180-Grad-Wende hin zum Thema Labyrinth. Bestätigung für die Richtigkeit dieser Wendung erhielt ich dreizehn Tage später durch die Zusage, das vorliegende Labyrinthbuch zu realisieren.
Aber bis dahin war noch ein innerer Reinigungsprozeß notwendig. Das Ego hat trennenden Charakter. Egotransmutation[10] auf allen Ebenen ist angesagt, was Grundlage für die Struktur und Durchführung der von mir initiierten und organisierten ersten Labyrinth-Fachtagung für den deutschsprachigen Raum im November 2001 in Dornbirn wurde.
Ein weiteres Bemühen galt damals einer Labyrinthausstellung in Damaskus. Von dort hatten ich den wichtigen Fund aus Tell Rifa'at für die Ausstellung in St. Pölten erhalten. Zum ersten Mal war er außer Landes gezeigt worden. Er gilt mit dem Täfelchen von Pylos als das älteste sicher datierbare Labyrinth-Objekt. So populär das Labyrinth in den USA und Europa ist, so unbeachtet ist es in Syrien, der Wiege der westlichen Kultur.
In der Absicht, das Labyrinth vor Ort zum Thema zu machen, damit vielleicht Forschungsaktivitäten anzuregen und dem Land ein Stück ihrer Kultur ins Bewußtsein zu bringen, flog ich im Februar

Eine Kostbarkeit aus Damaskus in St. Pölten: der Labyrinthfund von Tell Rifa'at, eine der zwei ältesten sicher datierbaren Labyrinthdarstellungen (um 1200 v. u. Z.)

2001 in die vermeintliche Heimat des Labyrinths. Ich bekam einen ersten Eindruck von Damaskus, bei dem ein Gefühl von vertrauter Heimat mitschwang, obgleich mir vieles so fremd war. In der ersten Nacht träumte ich vom Labyrinth: ich hatte es zurückgebracht, und damit war es heil und ganz geworden. Im wachen Zustand fragte ich mich, was in mir wieder ganz und heil geworden war.

Die Realisierung einer Labyrinthausstellung in Damaskus sollte jedoch so schnell nicht möglich sein. Unabhängig von Erkenntnis legte sich Labyrintherfahrung über Labyrinthwissen, über Erfahrung über Wissen. Durch all die Jahre sammelten sich gleich durchsichtigen und bemalten Labyrinthfolien ein drei- und mehrdimensionales Gebilde. Schicht um Schicht bildete ich so im Laufe der Jahre – bewußt und absichtslos – (m)einen Labyrinthberg, den ich nun, Schicht für Schicht, wieder abzutragen begann. Denn ich will an die Wurzel des Labyrinths zurück, zum Ursprung.

WEIL AUCH ICH BEDEUTUNG GEBE …

Seit das Labyrinth existiert, hat es stets enthalten, was jede/r hineingelegt hat: Das Labyrinth ist Tanzform, ist Symbol, ist Pilgerweg, ist spiritueller Kraftplatz. Kreation, Formentwicklungen und Bedeutungswandel des Labyrinths gehen mit Veränderungen des Bewußtseins einher.

Licht, ein Synonym auch für geistiges Bewußtsein, vermittelt und verbindet Innen- mit Außenwelt. Das Licht, das Bewußtsein selbst ist unsichtbar. Ein Raum voll Licht, aber ohne ein Objekt, auf das es fallen kann, ist dunkel. Hält der Vergleich *Eine Welt voll Bewußtsein, aber ohne Menschen, auf die es fällt, ist dunkel*?

Keine Göttin, kein Gott ohne Paradies- und Welterschaffung. Gott erschuf die Welt nach seinem Ebenbild, erzählt die Bibel. Und als Eva dies erkannte, wurden die Menschen sterblich wie Gott.

Vom psychotherapeutischen Standpunkt aus gesehen, ist meine Begegnungsgeschichte eine Übertragungsgeschichte und meine Lebensgeschichte eine Begegnungsgeschichte. In jeder Begegnung begegnet frau/man dem Ich im Du, dem Du im Ich. Beim Durchwandeln des Labyrinths kommt das Leben selbst ins Spiel.

Was nun Gott betrifft, es kommt nicht einmal darauf an, ob er existiert oder nicht existiert. Was zählt, sind die Gefühle, die der Guru oder die Göttin in uns erwecken. Beide fungieren als Stimulans und setzen in uns schlummernde Energien frei. (A. David-Neel)

Jedes Ich, jede Kultur spiegelt sich im Bild, des Bildes im Bild des Bildes im Bild. Licht ist nötig für den Über-Blick, Bewußtsein ist nötig für die Ein-sicht. Das Erkennen der Innen- und Außenwelt als *getrennte* Welten basiert auf einer anderen Grundvoraussetzung als jene, daß Innen- und Außenwelt *eine* Welt ist.

Ich gehe und lasse mich gehen – den siebenfach gewendeten Weg hinein und denselben hinaus. Wohlwollend trägt das Labyrinth alles. Und jede der sieben Wendungen sind Metaphern für die Hindernisse auf dem Weg zum Erwachen, den integrierten Ebenen des Inneren, Äußeren und Spirituellen. Es gibt keine lineare Entwicklung, war C.G. Jung überzeugt, es gibt nur eine *Circumambulation*.

Eine Kora, die Umrundung eines Heiligen Berges, reinigt, sagen die buddhistischen TibeterInnen und umrunden den Berg. Der äußere Höhepunkt ist nicht Ziel und wird auch nie erreicht.

Der Labyrinthweg umrundet (richtungwechselnd und Nähe-Distanz-pendelnd) den Mittelpunkt. Er gelangt nicht auf einen Gipfel, dafür

„Bergsteigen und Labyrinthbegehungen sind Grunderlebnisse": in den Schnee getretener Ariadnefaden, ein Objekt von Marianne Ewaldt hoch über Wagrein

in ein Zentrum, das auf derselben Ebene liegt wie der zurückgelegte Weg.

Das Bergsteigen[11] ist im Vergleich zur Kora eine Bewegung, die von einem Grund aus in eine Höhe führt, um danach wieder zum Grund zurückzukehren. Ausgang und Ende sind ident, sind der Grund. Es geht wie im Labyrinth um den Prozeß des Raumdurchschreitens, das nicht linear ist. Die Bewegung ist beim Bergsteigen das Sicherste, dies gilt auch für die Labyrinthbewegung. Der Rhythmus des Gehens ist Grundmetapher von Leben.

Im Höhersteigen bzw. Sich-dem-Zentrum-Nähern leert sich das Denken. In der Leere entfaltet sich ein anderer Erfahrungs-Raum. *Nur ergangene und bewegte Gedanken sind wichtige Gedanken*, meinte Nietzsche.

Wege entstehen beim Gehen. Wir sehen und entdecken die Welt im Gehen, und was ergangen oder nicht ergangen ist, prägt unsere Lebens- und Weltsicht. Die frühen Bergsteiger schritten wie Pilger voran. LabyrinthwandlerInnen sind ähnlich dem Spirituellem verbunden wie jene Pilger damals.

Die Erfahrung des Bergsteigens ist eindrücklich. Durch die Höhe gibt sie die Tiefe und mit ihr die Sicht auf den Grund frei. Die Erfahrung der Labyrinthbegehung ist ebenso eindrücklich. Sie ermöglicht eine Nähe-Distanz-Erfahrung und mit dieser die Verbindung zur Welt. Die Höhe wurzelt in der Tiefe und das Labyrinth im Archetyp. Bergsteigen und Labyrinthbegehungen sind *Grunderlebnisse*.

Ist der Berg Projektionsfläche, so ist es das Labyrinth ebenso. Nicht nur die westliche Kultur (Religion, Wissenschaft und Kunst), sondern jede patriarchal orientierte Gesellschaft bewegt(e) sich auf einen abstrakten entkörperten Denkhimmel zu. Wenige Meter unter dem Gipfel scheint man/frau von diesem am weitesten entfernt. Zwei Kehren vor dem Zentrum wendet sich der Weg von diesem ab; jede/r steht schließlich überrascht im Labyrinthzentrum.

In der Höhe gibt es einen Punkt, wo die Materie der Erde auf die Nichtmaterie des Himmels trifft: die Spitze des Berges. Dieser Verbindungspunkt ist anschaulich (von der Natur) hervorgehoben. Im Labyrinth gibt es einen (Mittel-)Punkt, wo dasselbe geschieht, nur befindet sich der gesamte Weg auf einer Ebene. Ist das Labyrinth in einer hügellosen Wüstenlandschaft geboren?

Der Gipfel ist wie das Labyrinthzentrum weder ein Ort zum Leben noch zum Sterben, sondern muß wieder verlassen werden. Wenn wir unser Leben als einen Weg, als einen Bewegungsablauf verstehen, so hält uns die Bewegung im und nicht nur am Leben. Bergsteigen ist Beschränkung auf und Begründung in sich selbst. Dasselbe läßt sich von der Labyrinthbegehung sagen.

Heilige Orte hat es zu allen Zeiten in allen Kulturen gegeben und gibt es noch immer. *Heilig* hat zu tun mit *heil sein* bzw. *heil machend*. *Heil sein* heißt *ganz sein*. Nur wenn wir ganz sind, wenn die Natur heil ist, sind wir geheilt, heil, heilig.

Manche Orte, Plätze begünstigen mit ihren Eigenschaften den Prozeß des Heil-Werdens. Dies hängt jedoch auch von unserem Bewußtsein, von unseren Vorstellungen und der Beziehungsqualität ab. Alles auf dieser Erde schwingt, hat eine Frequenz. Auch wir Menschen schwingen und treten in Resonanz mit anderen Schwingungen, können uns einschwingen und heil werden.

Reinhold Messner sieht im Bergsteigen die Möglichkeit, *aus dem Alltag auszutreten, seine Alltagsidentität hinter sich zu lassen und an das Unbegrenzte zu stoßen.* Das Seil, meine ich, materielles Symbol des Bergsteigens, ist Ariadnes Faden zum Spirituellen.

Die *Bergsymbolik* verbindet die Hebräer mit den Indoeuropäern. Ursprünglich waren die Berggötter weiblich. Dann wird Gott *Indra,* Herr der Berge genannt. Er wird König, als er Danu und ihren Sohn Vrtra tötet. Danu und Vrtra werden als Schlangendämonen beschrieben, die nach ihrem Tod als Kuh und Kalb erscheinen. Sind deshalb die Kühe in Indien heilig und dürfen nicht getötet werden, weil sie an die Göttin erinnern? Im Gebiet des Iran wird der erste erschaffene Mann *Gaja Mareta* genannt, was *Kuhmörder* heißt.

Jahwe wird als Fels der Zuflucht, Fels der Befreiung bezeichnet. Zeus thront auf dem Olymp, Gott Baal auf dem Berg Saphon. Hethitische und churritische Sturmgötter werden mit Berg, Blitz und Donner in Verbindung gebracht. Moses begegnet Gott auf dem Berg Horeb.[12]

Das Labyrinth wird von vielen als weiblich gedeutet bzw. mit weiblicher Energie verbunden. Für mich ist das Labyrinth die geglückte Verbindung von männlicher und weiblicher Energie, abstrakter und materieller Art, die Einheit, die Gegenpole verbindet, ohne diese auszulöschen.

Nach dem heutigen Stand der Elementarwissenschaft deutet alles darauf hin, daß es eine Nichtdualität von Geist und Materie gibt. So wurde festgestellt, daß in einem Vacuum, wenn es komprimiert wird, Teilchen erscheinen, die vorher nicht da waren, so daß die Materie offenbar auf irgendeine Weise auch im Vacuum vorhanden sein muß. Diese Erkenntnisse scheinen eine Annäherung zwischen der Wissenschaft und der buddhistischen Madhyamika-Theorie der Leerheit zu ermöglichen, die im wesentlichen besagt, daß Geist und Materie zwar getrennt, aber abhängig voneinander existieren.
(Dalai Lama)

WEIL DER INTUITION ZU FOLGEN EINE KUNST IST
UND DAS LEBEN EIN SPIEL …

Welche Mächte leiten mich – von welchen Mächten lasse ich mich leiten? Der Verstand, ein Gefühl, ein Impuls, das Unbewußte, die Erinnerung, ein Ziel u. a. m. bieten sich als Antwort an. Zwischen Kontrolle und Kontrollverlust liegen sämtliche Reiche dieser Erde, die nicht geradlinig miteinander verbunden sind.

Der Gehorsam ist der Tod. Jeder Moment, in dem ein Mensch sich einem fremden Willen unterwirft, ist ein Moment, der von seinem/ihrem Leben abgeschnitten wird. (A. David-Neel)

Ich versuchte mir immer bewußter über meine Be-Weg-Gründe zu werden. Was mache ich mit dem Labyrinth? Was macht das Labyrinth mit mir?

Mich fasziniert der Entstehungsprozeß der Töpferscheibe. Um die Töpferscheibe erfinden zu können, bedarf es des (Denk-)Vorganges: Nicht meine Hände bewegen sich um das Gefäß herum, sondern das Gefäß bewegt sich unter meinen Händen. Wie oben – so unten, wie innen – so außen; in diesem Bewußtseinsprozeß gründet eine Veränderung des Weltbildes. Funde von Töpferscheiben datieren in die Zeit um 3500 bis 3000 v. u. Z. Etwa um diese Zeit entstand wohl auch das Labyrinth.

Das Labyrinth. Ich habe es oft gezeichnet. Manchmal vom Kreuz ausgehend, lieber jedoch mit zwei (Schlangen-)Linien. Den Weg bin ich zu Beginn stundenlang über Tage und Wochen hinweg mit einem Stift auf einem Blatt Papier gegangen. So habe ich den Weg erfahren, erkannt und verstanden. Auch habe ich das Labyrinth am Boden, auf der Erde, mit meinen Füßen begriffen. Ich ging es, es ließ mich gehen. Ich und das Labyrinth – eins.

Eine These: Durch den Labyrinthweg wird die Verbindung zwischen linker und rechter Gehirnhälfte gestärkt, die Brücke aktiviert und genützt, Kognition und Intuition verbunden, die scheinbaren Gegensätze überbrückt, die doch nur die zwei Teile eines Ganzen sind, in Beziehung zueinander gebracht.

Wenn der Mensch zur Be-sinnung kommt, kann Veränderung geschehen. Sagt Heinrich Jacoby.

Zur Be-sinnung durch sinnliche Erfahrung. Ich ging den Labyrinthweg. Ihm konnte ich mich anvertrauen. Machte ich Fehler, lief ich gegen eine innere Wand, so wies es mich ruhig den weiteren Weg. Blieb ich stehen und verharrte, es lief mir nicht davon. War mir der Weg zu lange und unübersichtlich, das Labyrinth antwortete mit Geduld. Das Labyrinth war mir Spiegel und Echo. Ich lernte viel über meine blinden Flecken und meine Ungeduld.

Auf mich selbst zurückgeworfen ging ich. Ich gab das Tempo vor, den Rhythmus, das Innehalten u. a. m., ich spielte auch damit. Ich probierte aus, was möglich war innerhalb dieser Struktur, probierte

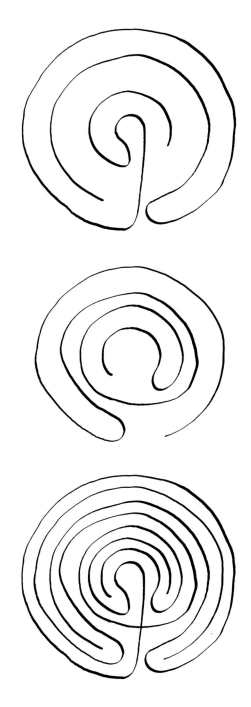

Mit zwei Linien das Labyrinth zeichnen

Blumenlabyrinth von Marianne Ewaldt

bewußt, gezielt, reflektiert und spielerisch, und damit kam das Loslassen. Nicht länger: *ich will* es so oder so, nicht länger: ich *mache* es so oder so. Ich ließ das Ich gehen, folgte absichtslos dem Weg, folgte der Intuition und staunte über mich und den Weg, der so eine völlig neue Qualität erhielt.

Immer mehr erkannte ich die labyrinthischen Strukturen meines Lebens. Meinte ich kurz vor dem Ziel zu stehen, ging es wieder zwei Wendungen wegwärts, und ich lernte, es ohne Frustration zu nehmen, wie es ist. War ich innerer Erschöpfung nahe, ging ich einfach weiter, denn eine Wendung mußte ja kommen, nur eine Frage der Geduld.

Da half also nicht nur die Intuition, sondern auch das Wissen über und mein Vertrauen in das Labyrinth. Die Kunst zu wandeln.

Das Wesen der Kunst hat mit Spiel zu tun. Im Spiel und auch im Labyrinth sind wir frei, aber nur, wenn wir uns an seine Regeln, an

seinen Weg halten. Der freie Wille ist, was paradox anmutet, aufs engste verbunden mit der realisierten Eigenverantwortung. In der emotionalen Intensität fallen Spiel und SpielerIn in eins. Meist wird das Spiel dem Ernst gegenübergesetzt, doch das Spiel hat seinen eigenen heiligen Ernst.[13]
Das Spiel ist Symbol für das Leben und das Sein, weil es Sinn und Zweck nur in sich selbst hat und nicht zu irgend etwas anderem nützt und nicht für etwas anderes da ist.

Kein Spiel scheint so alt und weltweit verzweigt zu sein wie das *Fadenspiel*. Die Hauptgebiete sind Ozeanien und die Arktis. Das Fadenspiel war nicht nur Spiel, sondern hatte bis zu Beginn unseres Jahrhunderts auch noch magischen Charakter. Es diente dem Liebes-

Beim Gänsespiel (hier ein historisches Exemplar) heißt Feld Nr. 42 „Das Labyrinth". Wer darauf zu stehen kommt, muß aussetzen oder zurückgehen.

zauber, hatten Orakelfunktion und war auch mit Wetterprognosen verbunden. Der Rhythmus der Finger- und Handbewegung gleicht einem Tanz. Gedichte und Gesänge begleiteten die Handbewegungen. Heute ist der Sinn bei den meisten verlorengegangen.

Das *Tempelhüpfen* hat den gleichen Grundgedanken wie das Labyrinth, wenngleich die Form eine andere ist.

Beim spiralförmigen *Gänsespiel* heißt Feld 42 *Das Labyrinth*, auf dem ausgesetzt bzw. auf Feld 30 zurückgegangen werden muß. 42 = 7 x 6. Die Anzahl der Totenrichter in Ägypten war 42, sie befragten die Toten bezüglich der 42 Sünden. Auch in anderen Zahlenlehren ist 42 von Bedeutung.

Selbst in ihrer säkularisierten Form sind diese Spiele noch immer ein Versuch, die Höhen und Tiefen des Lebens widerzuspiegeln.

Das Schach nimmt in der Spielwelt in vielerlei Sicht eine Sonderposition ein. Es ist kein Glücksspiel. Das Schach ist Metapher einer durch Vernunft beherrschbaren Welt. Die SpielerInnen unterwerfen sich dieser und sind frei in ihren Entscheidungen, unabhängig von Tradition, Instinkt und Natur – scheint es. Paradoxerweise wird die jeweilige Entscheidung für einen Zug aber im Wissen getroffen, nicht alle Möglichkeiten überprüft zu haben. Hier liegt der Widerspruch: Vernunft–Intuition bzw. deren Ergänzung. In diesem Sinne hat das Schach labyrinthischen Charakter, wie es keines der anderen Spiele hat. Eine Zugfolge trägt den Namen *Sizilianisches Labyrinth*.

Weil die Wirklichkeit so fein ist wie das Sieb der Wahrnehmung …

Ich (Subjekt) definiere das Labyrinth (Objekt) durch bestimmte methodische Zugriffe. Damit reiße ich, und dessen bin ich mir bewußt, das Objekt aus einem größeren Zusammenhang, der Gesamtwirklichkeit genannt werden kann. Das Gesamtwesen des Labyrinths jedoch kann ich nie erfahren, denn das von mir beschriebene Labyrinth ist nur ein kontext- und aspektabhängiger Teil des Labyrinths der Gesamtwirklichkeit.

Die wissenschaftliche Wirklichkeit[14] steht gleichberechtigt neben der alltäglichen Wirklichkeit, der Traum- und Trancewirklichkeit, der magischen Wirklichkeit u. a. m. Mit ihren spezifischen Regeln, Methoden und Strukturen ist jede eine Möglichkeit, die Welt bzw. das Labyrinth zu erfassen. Ändere ich die Methode, ändert sich die

Wirklichkeit. Die Regeln der wissenschaftlichen Wirklichkeit sind bestimmt durch die Prinzipien: nur Erfahrung als Wissensquelle / Reproduzierbarkeit / widerspruchsfreier Aufbau / Falsifikationsprinzip / Kausalität / Komulativität. Was diesen Regeln nicht entspricht (also viele Aspekte der Lebenswirklichkeit), fällt bildlich gesprochen durch das Sieb.

Mit diesem Hinweis möge der Aberglaube an die Absolutheit der wissenschaftlichen Wirklichkeit aufgelöst sein. Jede Wirklichkeit ist eine gewordene, und jede/r kann von einer zur anderen sozusagen geistig surfen.

Eine Theorie über das Labyrinth kann sich deshalb nie als wahr, sondern immer nur als falsch erweisen. Daraus folgt, daß auch andere Theorien die Labyrinth-Phänomene beschreiben können und eine Pluralität der Labyrinth-Wirklichkeiten möglich ist.

Das Streben nach einer einzigen Wirklichkeit, nach Gewißheit, ist typisch nicht nur für das vergangene Jahrhundert, sondern gleichsam für die patriarchale Weltsicht, die eine lineare ist und das abstrakt-logische Denken entwickelte. Die Wirklichkeit ändert sich mit der Bewußtseins- und kulturellen Entwicklung. Wirklichkeit ist ein Denkmuster, das Phänomene miteinander verbindet. Der Zufall ist vielleicht nur blind, weil wir ihm gegenüber blind sind.

Und so sind wir letztendlich alle auf uns selbst zurückgeworfen. In welcher Wirklichkeit leben wir? Wir können erkennen und entscheiden, in der einen oder anderen Wirklichkeit zu leben. Jede/r von uns steht immer vor seiner/ihrer eigenen Anschauung, ich vor meinem Ausgesiebten. Die Qualität des Siebes entspricht der Qualität meiner Wirklichkeit.

Ein Querverweis auf die Entwicklung der Trommel aus dem Sieb bietet sich an dieser Stelle an. Die Rahmentrommel gehört zu den ältesten bekannten Musikinstrumenten. Das sakrale Trommeln war eine der wichtigsten Aufgaben von Frauen.[15] Die erste gemalte Darstellung befindet sich in einem Altarraum aus dem 6. Jt. in Catal Hüyük (Türkei). Die erste namentlich erwähnte Trommlerin heißt *Lipuschiau* und lebte 2380 v. u. Z. in Uruk. Bei den Sumerern bedeutet das Wort für Rahmentrommel auch *Getreidemaß*. Der Kreis, den auch die Rahmentrommel bildet, symbolisiert auch Schutz. Auf dem Boden wurde damals ein Mehlkreis angebracht, um in dessen Schutz Heilrituale durchzuführen. In der Antike findet sich die Vor-

Drei Sinnbilder: Spiegel, Labyrinth und das Wasser (Installation von Marianne Ewaldt)

stellung, daß das Getreidesieb und die Rahmentrommel einen gemeinsamen Ursprung haben. Bis heute werden beide in Sizilien von denselben Handwerkern hergestellt.

Die Trommel wurde als Quelle und Symbol weiblicher Sexualität, Spiritualität und Macht gesehen. Auch Ariadne wird (z. B. noch auf einem römischen Sarkophag des 3. Jhs. n. u. Z.) mit einer Trommel gezeigt. Als Folge gesellschaftspolitischer Umwälzungen bereits vor und konsequent mit dem Aufkommen des Christentums, verstärkte sich die Verbannung von Frauen und Trommeln aus dem öffentlichen religiösen Leben. Die Trommel wurde später auch als Kriegswerkzeug eingesetzt. Die Degradierung und Auslöschung von Frauen und Göttinnen stieß jedoch durch alle Jahrhunderte auf Widerstand.

WEIL EIN SPIEGEL EIN SPIEGEL IST …

Suche deinen Feind/deine Feindin und suche nach dem Wesentlichen, das euch verbindet, formuliert Arno Gruen. *Der äußere Feind ist immer auch ein innerer Feind.*

Der äußere Feind muß zum Schweigen gebracht werden, weil dieser an sich selbst und den erfahrenen Schmerz erinnert. Das Paradox: Je ähnlicher jemand uns ist, umso fremder empfinden wir ihn. Daraus folgt: Gemeinsamkeiten sind die Ursache für die Bekämpfung, das Gefühl der Abscheu. Der andere wird zum Opfer gemacht. Das Opfer wird bestraft dafür, daß der Täter selbst nicht Opfer sein durfte. Die Geschichte der Menschen und auch der Mythos von Theseus und Ariadne wird anders verstanden, wenn dieses Verständnis zugrunde liegt. Worin aber spiegelt sich das Labyrinth? In unserem Gehirn? In der DNS? In anderen Teilen unseres Körpers?

Ihr versucht nicht, euch mit einer Realität herumzuschlagen, die sich uns immer wieder entzieht, sondern ihr stellt eine Welt auf, die zu bewältigen ist. Diese Welt mag vollkommen sein, möglich, aber sie ist eine Lüge. (Friedrich Dürrenmatt)

WEIL MENSCHEN MIT RELIGION GESÜNDER LEBEN
UND FEUER TRINKEN SÄTTIGT …

Nach 10 Jahren Forschungstätigkeit an der Yale University[16] belegen die Ergebnisse, daß Religion von schlechten Gewohnheiten (Rauchen, Alkohol) abhält. Die These aufgrund der Ergebnisse lautet: *Geist und Körper werden in der Religionsausübung verbunden.*

Als konkretes Beispiel sei die Kommunion angeführt, die sich aus Hingehen, Beten und Essen zusammensetzt. Die Ergebnisse bei den KatholikInnen sind besser als bei den Evangelischen, was von der Art des Rituals abhängen dürfte. Stößt das Labyrinth gerade auch in kirchlichen Kreisen auf so großes Echo, weil diese Aspekte beim Labyrinth mit eine Rolle spielen?

WEIL ... MEIN ATEM HEISST JETZT[17]

Vergangenheit und Zukunft thematisieren sich im Labyrinth gegenwärtig. Zeit und Raum durchwandernd, erfahre ich Zeit und Raum in einer mir nicht alltäglichen Qualität. In der Labyrintherfahrung, die immer gegenwärtig ist, lösen sich die Dimensionen traumartig auf, fallen beide Welten in eins, in mich und bestätigen zugleich die wissenschaftliche Erkenntnis, daß Zeit physikalisch gesehen[18] nicht gleichmäßig fließt, weil die Krümmung von Ort zu Ort sich gemäß der Verteilung von Massekörpern ändert, wie Einstein bewies. Dieses Wissen um die Zeit kommt in Märchen zum Ausdruck, wo manche Menschen jahrzehntelang im Feenreich verweilen. Und wer hätte dies im subjektiven Zeiterleben nicht schon selbst erfahren.

Vor kurzem zog ich meine Spur mit dem Stift durch das Labyrinth am Papier. Kaum begonnen, spürte und wußte ich: Ich habe alle Zeit der Welt! Ich habe die Zeit, die ich brauche! Kein Druck, kein Streß ist notwendig! Ruhe und Frieden breitete sich in mir in der Gewißheit aus: Es bedarf nicht der Schnelligkeit. Zufrieden zog ich meine Wegspur weiter in dem mir stimmigen Tempo.
Kurz vor dem Zentrum, das ich ja sah, weil die Labyrinthstruktur offen vor mir lag, hatte ich das Gefühl: Es ist zu früh, um ins Zentrum zu gehen, und ich atmete auf, als mich der Weg noch zwei Wendungen hinaustrug, ehe ich dann im für mich richtigen Moment das Zentrum erreichte. Einklang.
Mit der Hinauswendung wurde ich traurig, und das Gefühl des Verlustes breitete sich in mir aus. Drei Wendungen zwischen mir und dem Mittelpunkt spürte ich dann: Ich habe das Zentrum wieder in mir, ich trage es in mir, immer. Das machte mich leicht und heiter.

Dankbarkeit spürte ich, als es so weit war, das Labyrinth zu verlassen und herauszutreten.

Das Thema in dieser Zeit war für mich die Zeit. Obgleich ich ohne Intention (mit dem Stift) ins Labyrinth hineingegangen war, machte mir das Labyrinth nicht nur das Thema bewußt, sondern gab mir auch die Antwort auf eine mir Tage zuvor gestellte Frage. In dem Moment, in dem ich mich einließ auf die Bewegung, kam in mir etwas in Bewegung. Ich und der Weg wurden eins, und die meßbare Zeit war bedeutungslos geworden.

> in zeiträumen
> leben
> in raumzeiten
> sterben
> das leben
> träumt dich

Die Erfahrung der Zeitlosigkeit symbolisiert in allen Kulturen die Schlange, die durch das Abstreifen ihrer Haut „stirbt" und „wiedergeboren" wird. Das Labyrinth ist durch zwei sich windende Schlangen (Linien) strukturiert. Der labyrinthische Charakter der Zeit ist leicht wiederzuerkennen in der *Ergoden-Hypothese*, die besagt, daß, gleichgültig in welchem Zustand sich das endliche Universum zu einer gegebenen Zeit befindet, es, alle anderen möglichen Zustände in vorgegebener Reihenfolge durchlaufend, schließlich zum Ausgangszustand zurückkehren wird.

Aus der Sicht des I Ging besteht die Zeit aus geordneten Wandlungsphasen der kosmischen Ganzheit. Und schließlich ist, so sieht es das chinesische Tao, in der Mitte eine Leere, das stillstehende Zentrum des Rades, das außerhalb von Zeit und Bewegung verharrt. Die Rückkehr zum Ursprung bedeutet innere Ruhe. Die Zeit macht alles, was möglich war, wirklich.

Was ich Ihnen hier darlegte, liebe Leserinnen und Leser, sagt vielleicht mehr über mich als über das Objekt meiner Forschungsbegierde aus. Ich freue mich über Ihre mitwandelnde Begleitung, des manchmal auch anstrengenden und irritierenden Labyrinth-Weges.

Ein Astronom fragte die Zen-Meisterin: „Was ist mit der Zeit?" Und sie antwortete: „Ihr wollt die Zeit messen, die maßlose und unermeßliche.

Nach Stunden und Jahreszeiten wollt ihr euren Wandel richten. Doch das Zeitlose in euch ist sich der Zeitlosigkeit des Lebens bewußt und weiß, daß gestern nichts anderes ist als die Erinnerung von heute und Morgen der Traum von Heute. Das, was in dir singt und sinnt, weilt immer noch innerhalb der Grenzen jenes ersten Augenblicks, der die Sterne in den Weltraum schleuderte. Wer unter euch fühlt nicht, daß seine Kraft zu lieben grenzenlos ist? Und ist nicht die Zeit wie die Liebe, ungeteilt?"[19]

Anmerkungen:

1 Monica Voncina (Wien) leitete diesen auf wunderbarste Weise.

2 Das Ergebnis war das Buch *aus schweigenwelten tret ich hervor – eurydike*.

3 Strobel Wolfgang, Schöpferische Psychotherapie, in: WAP 1995

4 Rosemarie Sternagl, Tiroler Künstlerin, die eine keramische Arbeit zum Thema Minotaurus hergestellt hat sowie lebensgroße den Mythos interpretierende Figuren; Gundula Thormaehlen-Friedman, deutsch-amerikanische Künstlerin und Labyrinthbauerin

5 Theseus erfährt im Labyrinth keine Initiation. Er ist aber auch kein gewöhnlicher Abenteurer, der gegen irgend ein Ungeheuer kämpft. Der gesellschaftspolitische Aspekt seines Handelns ist nicht zu übersehen.

6 Huun Huur Tu, Kargyraa und Kongurei, beide Musikstücke von der CD *60 Horses in my Herd*, Jaro 1996

7 Grundfragen ohne Details: Was löste das Labyrinth bei Ihnen aus? Wie fühlten Sie sich, ehe Sie sich entschlossen, ins Labyrinth hineinzugehen? Mit welchen Tempo gingen Sie hinein? Vielleicht wollen sie uns auch etwas ganz anderes mitteilen.

8 Fa. Tritonus, Lothar Bracht, Karlsruhe, erzeugt Holzkugellabyrinthe.

9 Rose Ausländer, Hinter allen Worten, Frankfurt/M 1992

10 Diese Wortschöpfung habe ich von Wolfgang Strobel übernommen, durch den ich mehr als nur zu differenzieren lernte. Und ich danke Sibylle Timmerman, mich im richtigen Moment wieder daran erinnert zu haben.

11 Diese assoziative Auseinandersetzung basiert auf dem von mir sehr geschätzten Buch *Berg Denken* von Helga Peskoller (Wien 1997). Es findet sich kein Zusammenhang mit dem Labyrintht, doch verdanke ich ihm viele Denkanstöße und Erkenntnisse.

12 Merlin Stone, Als Gott eine Frau war, München 1976/1988

13 von Uslar, Detlev, Das Spiel in seiner Bedeutung für den Menschen, in: Lindauer Tagung, 1996; Felix Paturi: Fadenspiele; Gänsespiel: Institut für Spielforschung, Salzburg; Ernst Strouhal: Schach

14 Prof. G. Faschings Buch *Das Kaleidoskop der Wirklichkeit*, Heidelberg 1999, trug wesentlich zur Klarheit meines Wissenschafts-Verständnisses bei.

15 Redmond Layne, Frauen Trommeln, München 1999

16 Hermi Amberger gestaltete dazur die Ö1 Sendung *Dimensionen* vom 5. 4. 1999

17 Rose Ausländer, wie Anm. 9

18 *Zeit-Strömen und Stille* von Marie Louise von Franz, Kösel Verlag, München 1992

19 nach Khalil Gibran: Der Prophet, bearbeitet von der Autorin

Ilse M. Seifried

Der labyrinthische Quantensprung

Ariadnes roter Faden, auch als Weg verstanden, führt durch die Struktur des Labyrinths (siehe S. 12 und 194). Das Labyrinth symbolisiert die Welt, der Ariadnefaden den Lebensweg. Dieser beinhaltet die Entwicklung aller Bereiche: der körperlichen, emotionalen, geistigen und spirituellen. Das aufgewickelte Knäuel (Leben) wird auf- bzw. abgerollt (gelebt) in irdischer Zeit und irdischem Raum.
Die Wirkkraft der pendelnden Bewegungen (links und rechts sowie näher zum und wieder weiter weg vom Zentrum) und das Ankommen an einem Ruhepol könnte das Gehirn möglicherweise so aktivieren, daß das, was in uns vielleicht biologisch angelegt ist,[1] ausgelöst oder verstärkt wird: das Gefühl des Einsseins mit allem bzw. mit der Urkraft (egal ob es einen Gott gibt oder nicht) zu erfahren. Im Zentrum des Labyrinths, so berichten viele Labyrinth-Erfahrene, ist es wie im Zentrum des Lebens möglich, sich mit allen und allem durch jede Zeit- und Raumgrenze hinweg verbunden und eins zu fühlen.[2]
In der Struktur des Labyrinths sind die Gegenpole, dem Dualitätsprinzip des irdischen Seins (Leben und Tod) entsprechend, so angelegt, daß sie sich ergänzend zu einer Einheit verbinden. Die Labyrinthstruktur ist aus zwei Linien zusammengesetzt. Beide haben einen Anfang und ein Ende. Senkrechte und Waagrechte bilden ein Kreuz. Rechte Winkel bilden die Struktur. Kurze geradlinige und lange kreisbogenförmige Wegstrecken ergänzen einander. Der Eingang in die Struktur ist der Ausgang.
Ob durch häufiges (z. B. täglich über mindestens acht Wochen, insgesamt mindestens hundert Mal) Begehen von Labyrinthen sich neurologisch tatsächlich eine Verstärkung der Brücke zwischen den beiden Gehirnhälften nachweisen läßt, muß noch untersucht werden. Tatsache ist, daß viele Menschen aus eigenem Antrieb heraus, oft über Jahre, regelmäßig Labyrinthe begehen – weil sie es als balancierend, positiv und oft als notwendig erleben.
Meine Vermutung ist, daß damit eine (Bewegungs- und Entwicklungs-)Erfahrung nachgeholt wird, die offenbar in früheren Zeiten verabsäumt wurde.[3] Die Gegenpole schließen einander nicht aus,

Wunderbar zu erkennen ist die Labyrinthstruktur auf diesem Foto des großen Erdlabyrinths, das der Künstler Jim Buchanan in Chesterfield (England) schuf.

sondern ergänzen einander, d. h. die kognitive, rationale Ebene und die intuitive.

Bislang wurde als des Labyrinths Gegenpol der Irrgarten angesehen. Doch wie meine persönlichen Erfahrungen zeigen, sind diese beiden Strukturen aufs engste miteinander verwandt und ähnlich und keine wirklichen Gegenpole.

Das Labyrinth löst im Begehen immer wieder Momente der absoluten Desorientierung aus – obgleich rational in dieser eindeutigen Struktur kein Verirren möglich ist. In diesen Fällen ist das Labyrinth ein Spiegel, eine Möglichkeit, persönliche Themen ins Bewußtsein gelangen zu lassen. Dann kann daran bzw. damit gearbeitet werden. Wenn die Person sich zum Beispiel kurz vor dem Zentrum wendet und in dem Glauben, bereits im Zentrum gewesen zu sein, oder in der Meinung, der Weg führt nicht weiter, zurückgeht, so setzt hier die Wahrnehmung aus und eine persönlich relevante Situation wird re-inszeniert. Dieser Aspekt kann aufgenommen werden mit den Fragestellungen: Wo gab es im Leben ähnliche Situationen? Was verhindert das Ins-Ziel-Kommen? Was könnte es unterstützen?

Im Labyrinth kann, da keine Konzentration auf den Weg selbst gelenkt werden muß, ohne Ablenkung Schritt für Schritt vorangegangen werden: Der Weg führt sicher ins Zentrum. Dabei, so viele Erfahrungsberichte, wird die Lösung für eine Fragestellung gefunden, mit der sich die Person auf den Labyrinthweg gemacht hat. Auch für eine Problemstellung, die erst im Labyrinth ins Bewußtsein kam, stellt sich oft eine Antwort ein. So kommt auf dem sich wendenden und pendelnden Weg oft Erkennen und Einsicht ins Bewußtsein. Die Person und das Labyrinth sind dann miteinander in einer stimmigen Resonanz.

Da die Labyrinthe fast ausnahmslos ohne Mauern strukturiert sind, kann von jeder Person die Struktur aufgebrochen werden, indem über die Begrenzungslinien gestiegen wird. Ungeduld, Unlust oder Angst sind meist die Motivation, dies zu tun, oder die Erfahrungssuche, Grenzen zu überschreiten, sich nicht länger an vorgegebene Richtlinien halten zu wollen.

Der *Irrgarten* ist eine Struktur mit einem Eingang oder mehreren Ein- und Ausgängen. Er kann ein Zentrum haben oder auch keines. Bei den vielen Weggabelungen und Sackgassen müssen Entscheidungen getroffen werden: Gehe ich links oder rechts weiter oder wieder zurück? Damit ist die Eigenmächtigkeit des Wegverlaufes gegeben. Die Angst, nicht mehr hinauszufinden, im Extremfall damit dem Tod preisgegeben zu sein, ist mit dieser Struktur aufs engste verbunden. Aber es gibt zwei Möglichkeiten, dem etwas entgegenzusetzen:

a) den Verstand: Gehe ich immer nur links (oder rechts – wichtig ist, dass eine Richtung beibehalten wird), so gelange ich immer zum Ausgang!

b) die innere Führung: Vertraue ich mich meiner Intuition an, verlasse ich mich auf diese, finde ich mit schlafwandlerischer Leichtigkeit hinaus bzw. ins Zentrum, wenn es ein solches gibt.

Der Irrgarten ist somit der beste Prüfstein der Intuition, des Vertrauens in die innere Stimme, des Urvertrauens, in dem das Selbstvertrauen wurzelt. Ein Hindernis ist oft unsere Schwerhörigkeit im Lärm der Welt, die Abgelenktheit im Schallraum des Ich-will.

Der Irrgarten – Prüfstein der Intuition

Intuition ist laut Duden „Eingebung, ahnendes Erfassen (entlehnt aus dem lat.: unmittelbare Anschauung)".

Das bedeutet umgesetzt auf das Labyrinth: Nicht länger „ich will" das Labyrinth auf diese oder auf andere Weise begehen, betanzen, nicht länger „ich mache", sondern „ich lasse mich gehen, folge absichtslos dem Weg, folge der Intuition und staune über mich und den Weg", der so eine völlig neue Qualität erhält.

In der *Encyclopaedia Britannica* ist Intuition so definiert: „In der Philosophie das Vermögen, Wissen zu erlangen, das weder aus Schlußfolgerungen oder Beobachtungen, noch durch Vernunft oder Erfahrung gewonnen werden kann." Die Intuition wird demnach als eine eigenständige, unabhängige Wissensquelle angesehen, da sie genau

diese Art des Wissens vermittelt, die durch andere Quellen nicht zu erhalten ist. Das Wissen um die notwendigen Wahrheiten und moralische Prinzipien wird manchmal auf diese Weise erklärt.
Sie ist der Sinn, wie es Benedict Spinoza und Henri Bergson diesem Wort zuschreiben, wo es sich auf vermeintlich konkretes Wissen um die Welt als ein unter sich verbundenes Ganzes bezieht, im Gegensatz zum zerstückelten, „abstrakten" Wissen, das durch Wissenschaft und Beobachtung vermittelt wird.

Dein tiefstes Wissen weiß den Weg
Weh, wenn du plötzlich denkst,
ob du auch recht die Schritte lenkst ...
(Franz Werfel)

Kann somit die Intuition als der verbindende Faden zum Schöpfergeist – Gott – Göttin – Großen Geist (oder wie auch immer die Namen lauten mögen) – gesehen werden? Kann die Intuition auch so verstanden werden, daß sie die Verbindung zum höheren Selbst ist? Den Weg gehen, auf dem Weg-Sein ist, der Weg sein. Somit hat der Faden der Ariadne (ursprünglich eine vorgriechische Mondgöttin) zwei unterschiedliche Qualitäten:

Ariadnes Faden, das Labyrinth und der Irrgarten

Ariadnes Faden ist zunächst zu einem Knäuel aufgerollt. Die Struktur ist Rahmen, Lebensbedingung und Lebensverlauf, auf dem sich der Faden entrollt. Der Weg, das Leben, der Faden sind klar definiert mit Geburt – Leben – Tod; das ist ein Naturgesetz. Offen und frei wählbar bleibt im Labyrinth der lebendige Prozeß, wie der Weg gegangen wird.
Sicher ist und Sicherheit gibt allein der Faden. Der Faden, der den Lebensweg symbolisiert und die Verbindung (ist) zum Zentrum, zum Bewußtsein, zur Liebe, zum Licht.

Was wir als Geist oder Wesenheit bezeichnen, steht hinter der Materie, durchdringt sie. Beides, Geist und Materie, ist untrennbar – nur das Ganze verkörpert den Weltgeist, wie wir ihn verstehen. Das für unser Sein wesentliche Wissen ist uns mehr intuitiv als kognitiv zugänglich. Exaktheit gelingt nur über die Isolierung, damit geht Beziehung verloren. Es kommt auf die Relevanz an. Die Technik ist wie ein Uhrwerk,

Der riesige Heckenirrgarten in Longleat House (England), in den siebziger Jahren des 20. Jahrhunderts nach einem Entwurf von Greg Bright angelegt

die Natur ist offen und damit auch die Zukunft. (Hans Peter Duerr, Träger des alternativen Nobelpreises)

Das Nichtwissen, was sich nach der nächsten Ecke/Wendung befindet, ist der verbindende Charakter von Labyrinth und Irrgarten. Dieses Nichtwissen kann mit Angst einhergehen.

Wie ich versuchte zu zeigen, sind die äußerlich unterschiedlichen Strukturen Irrgarten und Labyrinth im Erleben durch die Intuition und die Irritation verbunden. Beide Qualitäten sind in beiden Strukturen eindeutig zu finden.

Wenn das Labyrinth charakterisiert ist durch einen langen pendelnden kreisförmigen Weg, dann erscheint mir die kürzeste direkte lineare Strecke vom Eingang zum Zentrum die gegenteilige Entsprechung zu sein. Findet sich diese Möglichkeit auch innerhalb der Labyrinthstruktur selbst? Die Antwort lautet: Ja!

Stehe ich am Eingang, so mache ich zwei, drei Schritte geradeaus in/durch den Eingang des Labyrinths und wende mich nicht, sondern halte inne und – steige über die energetische Begrenzung (oft durch eine Linie oder eine Steinlegung materialisiert). Dann ein weiterer Schritt oder vielleicht noch ein zweiter und dritter – und ich befinde mich im Zentrum.

Dies zu tun, empfinden jene Menschen, die sich mit dem Labyrinth (oft schon seit Jahren) beschäftigen, als ein Sakrileg, was unschwer nachzuvollziehen ist. Denn damit setze ich mich über eine (natürliche) Grenze, eine Barriere hinweg. Damit wird das Labyrinth selbst ad absurdum geführt, weil es auf diese Weise im traditionellen Verständnis bedeutungslos wird. Darin sehe ich gerade den Beweis, daß diese Wegführung den Gegenpol zum Labyrinth darstellt.

Das Labyrinth ist die Struktur (oben), der Ariadnefaden der Weg durch die Struktur

Woher kommen die Widerstände? Ich sehe sie darin, daß, wie eingangs erwähnt, das Labyrinth ein Lebens- und Lebenswegsymbol ist, das wohl als archetypisch angesehen werden kann. Vertrautes ist plötzlich bedroht.

Ängste verweisen auf anstehende Aufgaben. Angst ist entwicklungshemmend – eine Angstschonhaltung bringt mehr Ängste hervor. *Angst zur Disziplinierung verwenden heißt, die Lebendigkeit einschränken.* (Verena Kast)

Die Gefahr, das Labyrinth als Identifizierungsmöglichkeit, als Weltbild, als Boden der Existenz zu verlieren, das ja für Vertrauen und Verbundenheit steht, wirkt als enorme Bedrohung und löst daher massive Angst aus – was bleibt denn übrig, wenn das Labyrinth nicht mehr gilt?

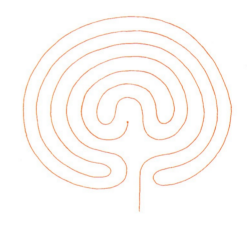

Geht es wirklich verloren? Nein, die Struktur bleibt. Was sich verändert, ist Ariadnes Faden, der Weg.

REALITÄT UND SYMBOL

Um über die Grenze (in dem Fall über das Kreuz, d. h. metaphorisch gesprochen auch über das Leid) zu steigen, dieses hinter/unter sich zu lassen, um sich über die vorgegebene Struktur hinwegzusetzen, bedarf es einer Bewußtseinsentwicklung. Traditionelle Ethik- und Moralvorstellungen (das tut man/frau nicht!) müssen aufgelöst sein.

Sich der Bedeutung der eigenen Gedankenkraft, des Mit-Schöpfer-Innen-Seins der eigenen Wirklichkeit bewußt zu sein, geht parallel mit dem Überschreiten der realen Wegbegrenzung. Wissen um Ursache und Wirkung, ahnen, was unter Maya auch verstanden werden kann (ohne Anspruch auf die Wahrheit), die kosmischen Gesetze erkennen – mit anderen Worten, das rein materielle Weltbild transformieren in ein energetisches, das sich der Verbundenheit mit allem und der Möglichkeit der Aufhebung der Dualität (für Augenblicke oder länger) bewußt ist, sind die Begleiterfahrungen.

Wir können nur das dem menschlichen Geist/Körperwissen Erfaßbare erforschen, denn das Unfaßbare ist und bleibt für uns Menschen eben unfaßbar. Das Eingestehen des Scheitern-Müssens, das Unfassbare fassen zu wollen, muß von vielen (WissenschafterInnen wie EsoterikerInnen) erst verkraftet werden. Das Wunder des Lebens, das Wunder der Schöpfung (wir leben und erleben es, nähern uns an mit unserem Bewußtsein im Laufe der Menschheitsentwicklung) erkennen: Die Offenheit der Symbolik macht das Symbol erst wirksam.

Der labyrinthische Quantensprung[4]

Mit dem Durchschreiten des Labyrinths wird ein äußerer und ein innerer Weg (Gedanken, Gefühle) zurückgelegt und im wahrsten Sinn des Wortes durchwandelt, gewandelt. In der bisherigen Tradition wurde der Labyrinthweg, dieser lange Um-Weg, bewußt so gegangen. Manche Menschen hielten die Länge bzw. die Enge oder das Gegängeltsein nicht aus und stiegen aus Überforderung oder Widerstand über Begrenzungslinien hinweg, um schneller ins Zentrum und wieder aus dem Labyrinth zu gelangen.

Was aber geschieht und bedeutet es, wenn ich bewußt eine *beschleunigte* Variante gehe?

Hat die Labyrinthstruktur die Funktion, als Orientierung zu dienen, als Energieschranke den Weg zu kennzeichnen, verändert sich diese nun: Ich mache zwei Schritte ins Labyrinth und steige dann über das Kreuz der Labyrinthstruktur direkt und beinahe unmittelbar (zwei 45°-Knicke inkludiert) ins Zentrum. Diese Erfahrung fühlt sich so an: So scheinbar schnell und kurz der Weg ist und die Zeitspanne dauert, um ins Zentrum zu gelangen, so verlangsamt und verzögert fühlt es sich an. Wie komprimiert durchschreite ich in einem Schritt den langen siebenwendigen Weg.

Der energetische Widerstand ist spürbar – die Kraftanstrengung, die es kostet, ebenso. Der Raum verkürzt sich, ebenso die Zeit. Konzentriert wirkt die Energie wie eine Hürde, die es zu übersprin-

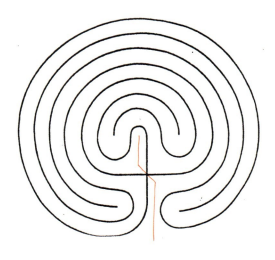

Die Labyrinthstruktur birgt sowohl den Umweg als auch die beschleunigte Wandlungsmöglichkeit in sich

gen gilt, eine Herausforderung, die ebenbürtig ist mit dem langen Weg, aber eben anders. Subjektiv ist die Zeit, ist der Raum dieses Schrittes ebensolang, ebensoweit wie der (nicht) abgeschrittene Weg. Steckt nicht die gesamte Information des Labyrinths auch in diesem Schritt? Die Erfahrung des Weges wurde nicht gemacht, und doch ist diese Information konzentriert und kompakt in Körper und Geist. Die Kraft liegt jetzt woanders.

Mit dieser neuen Erfahrung, die auf „neuem" Bewußtsein beruht und neues Bewußtsein hervorruft, ist eine neue Dimension erreicht. Der kurze Weg ist eine Energiebrücke von hier nach dort. Was geschieht nun im Zentrum konkret weiter? Im Zentrum des Labyrinths wirkt die Kraft der Mitte: Raum und Zeit lösen sich wie bei einer traditionellen Labyrinthbegehung auf. Das Ich löst sich auf, und mit dieser Auflösung findet die Verbindung statt mit jener Kraft, die das Leben schuf und schafft.

Ist der Quantensprung vollzogen, so befindet sich jede/r in einem Zustand des frei und doch nicht frei und doch frei Seins. Die Freiheit, den Labyrinthweg zu wählen, die Freiheit, den labyrinthischen Quantensprung zu vollziehen – wertfrei bleibt diese Entscheidung der/dem einzelnen überlassen, in Übereinstimmung mit der Intuition entsprechend zu handeln. Vielleicht sind auch erst zig-fache Labyrintherfahrungen Voraussetzung dafür?[5]

Gibt es Parallelen zwischen dem Labyrinth und der Quantenphysik? Und was sind die Konsequenzen?

Das Aufbrechen der Labyrinthstruktur ist kein Abbrechen oder Unterbrechen im destruktiven Sinne, es ist ein Aufbrechen im Sinne von Sich-Entwickeln und Erblühen. Die Urkraft schuf die Welt, indem sie schöpfte – bildlich gesprochen packte sie die Gelegenheit beim Schopf und nahm einen Schöpflöffel und schöpfte aus dem vollen. Die Schöpfung ist nach unserem Sprachverständnis eine Handlung des Schöpfens oder Schaffens. Sie holte heraus und schaffte das Geschöpfte (ein Schaff war in früheren Zeiten die Bezeichnung für das Hohlmaß und ein Gefäß) in ein neues Gefäß, das für das Leben die besten Rahmenbedingungen hatte. Sie schöpfte so lange, bis die Schöpfung erschaffen war, und schöpft noch immer? Sie schöpft, bis alles voll ist, oder auch bis es überläuft?

Aus sich schöpfen – die Urkraft schöpft in allen Mythen der Welt aus sich selbst. Ist die Schöpfungsenergie der menschlichen kreativen Energie gleich – ist sie spiegelbildlich? Menschliche Kreativität entspringt aus der Intuition, der Quelle, die Gott/Göttin ist, der Quelle, die Menschen in sich haben. Die Quelle, die eins ist und eins sein läßt – die Liebe.

Die gegensätzlichen und sich ergänzenden Prinzipien/Energien (Freude – Trauer, Liebe – Haß, Friede – Krieg …) durchdringen das Leben. Dualität zeigt sich beim Menschen durch Frau und Mann, wobei beide für sich alle Formen der Energie in sich haben und einander gegensätzlich, ergänzend und gleichwertig sind.

Und so birgt das Labyrinth auch das Männliche wie das Weibliche in sich (sowie die Zeugung, die Geburt, das Leben und den Tod). Als diese Pole können z. B. die beiden Linien, die gegenläufig die Labyrinthstruktur bilden als auch der links/rechts-pendelnde Weg sowie der direkte und indirekte Weg gesehen werden. Im Zentrum, der Leere, begegnen die Gegenpole einander, fließen ineinander über, das Weibliche mit dem Männliche (bzw. vice versa) wird eins und bildet damit ein (neues) Drittes.

Für mich besteht der Quantensprung (auch in den Tendenzen unserer gesellschaftspolitischen Gesetze) darin, das eine *und* das andere zu sein, beides – und so das alte Identifizierungsmuster (Matriarchat/Patriarchat) und Weltbilder hinter sich zu lassen. Darin sehe ich eine neue Lebensqualität.

Der Atem der Welt, der Atem der Schöpfung, ist der Rhythmus des Lebens, innerer und äußerer Bewegung, ist Schwingung, ist Klang. Das Ein und Aus – das Einatmen, das Sich-Wenden der Luft (Pause/Ruhe), das Ausatmen. Der Atem wandelt durch und wandelt uns und verwandelt – wir lassen uns wandeln, wandeln den Atemstrom, die Luft, in Leben. OM.

Wir können uns, ob am Eingang oder im Zentrum des Labyrinths, eigenverantwortlich entscheiden, in die Welt der drei bzw. vier Dimensionen und dort verweilend den vorgegebenen Weg des Labyrinths zu gehen …[6]

> *In our beginning*
> *is our end*
> *in our end*
> *is our beginning.*
> (T. S. Eliot)

… oder uns in eine neue, fünfte oder sechste Dimension wandeln,

wandeln lassen und dort mit jener inneren Haltung jene Schritte zu tun, die zu setzen sind.

Goethes Erfahrung: *Ich schreibe dir einen langen Brief, denn zu einem kurzen hab ich keine Zeit,* kann übertragen werden in: *Ich nehme mir die Zeit und gehe den kurzen Weg im Labyrinth.*

ANMERKUNGEN:

[1] Dr. Benson im ORF (Sendung *Dimensionen* vom 5. 4. 1999)

[2] Lauren Artress verwendet den Begriff *quantum leap* für diese Erfahrung des Gefühls des Einsseins: Ein Quantensprung ist ein schneller, kurzer plötzlicher Sprung. Im Labyrinth erfahren Menschen Einsichten und Augenblicke des Göttlichen, was das Leben verändert. Sie reisten nicht weit, doch vollbrachten sie einen Sprung. Einen Sprung des Bewußtseins und der Selbstwahrnehmung: *A quantum leap is a quick, short jump that happens all at once. In the labyrinth people receive insights and glimpses of the Divine that are life changing. They did not travel far, but still accomplished a 'leap'. A leap in consciousness, a leap in self-awareness.*

[3] Lit.: Elfriede Hengstenberg, Entfaltungen. Bilder und Schilderungen aus meiner Arbeit mit Kindern, Freiamt im Schwarzwald, 1991

[4] Um eine Verwirrung rund um den Begriff *Labyrinthischer Quantensprung* (der mir unabhängig von Lauren Artress in den Sinn kam) zu vermeiden, sei klargestellt: Lauren Artress meint die innere Erfahrung mit dem Göttlichen, was ich mit „Einswerden, Verbundensein mit allem" bezeichne. Wobei diese Erfahrung von vielen als Quantensprung erlebt werden kann. Ich bezeichne damit die neue Art, das Labyrinth zu verstehen und zu begehen, weil damit eine zusätzliche Qualität hinzukommt. Vielleicht wäre dafür *Quantensprung Nummer 2* der korrekte Begriff.

[5] Wenn der Irrgarten als Gegenpol des Labyrinths interpretiert wird, dann symbolisiert er den Tod. Dann wäre das Herausfinden aus dem Irrgarten die Erreichung des Lebens. Wenn der Irrgarten als eine Version des Labyrinths verstanden wird, als ein Symbol für das Leben, dann ist die Angst, nicht mehr herauszufinden, die Angst, im Leben gefangen zu sein, und auch die Angst, den Quantensprung nicht vollziehen zu können. Daraus könnte geschlossen werden: Die Angst vor dem Tod ist eigentlich die Angst vor dem Leben!

[6] Dank an Wolfgang Strobel, der mich zu diesem Beitrag anregte, und Andreas Eisen, der mich mit seiner konstruktiven Kritik begleitete und damit immer genauer werden ließ.

Anhang

Anleitung zum Begehen eines Labyrinths zu zweit
200

Anleitung zum Zeichnen und für den Bau eines Labyrinths
201

Begehbare Labyrinthe in Österreich
203

Begehbare Labyrinthe in Deutschland
203

Begehbare Labyrinthe in der Schweiz
204

Internetadressen zum Thema
205

Die AutorInnen
206

Bildnachweis
208

Anleitung zum Begehen eines Labyrinths zu zweit

Worin besteht die Kunst zu wandeln? Ein Schritt nach dem anderen wird gesetzt. Die Achtsamkeit kann im Begehen selbst liegen, in der Wahrnehmung, was dabei passiert. Die Konzentration kann auch auf ein Problem gelenkt sein, das auf dem Weg vielleicht (wie von selbst) eine Lösung findet. Singen und Tanzen sind weitere Möglichkeiten.
Aber es kann auch das subjektive Empfinden der Desorientierung aufkommen, wie im Irrgarten. Es bedarf einer radikalen Entscheidung zur Eigenverantwortlichkeit, mit der Konsequenzen weiterzugehen.
Die Kunst zu wandeln liegt vielleicht auch darin, gleichzeitig sich selbst zu wandeln, wandeln zu lassen.
Begehen mehrere Menschen gemeinsam ein Labyrinth, fügen sich Aspekte der Begegnung, Nähe und Distanz hinzu. Ein Miteinander thematisiert Gemeinschaft und Individualität. Der Kreativität der Begehensweisen sind keine Grenzen gesetzt. Der Weg sind wir selbst.
Gundula Thormaehlen-Friedman und ich entwickelten spontan und intuitiv diese Weise, ein Labyrinth zu zweit zu begehen.

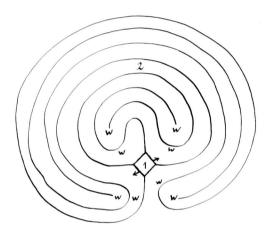

* Beide begeben wir uns in das Feld 1, wo wir Rücken an Rücken stehen. Diese Position interpretieren wir als Tao, den Zustand, da es nur das Eine gibt.
* Beide machen wir einen Schritt nach vorne, d.h. in die vierte Labyrinthbahn. Diese Position interpretieren wir als zur Welt kommen, in die Welt der Dualität eintauchen.
* An Punkt 2 treffen wir einander von Angesicht zu Angesicht und gehen aneinander vorbei.
* Geht die eine nun ins Zentrum des Labyrinths, so bewegt sich die andere hinaus.
* Es gibt immer wieder Begegnungen, durch Bahnen getrennt.
* Die Wendepunkte (W) werden von beiden gleichzeitig erreicht, wobei beide in unterschiedlichem Tempo gehen. Dadurch entsteht ein weiterer Rhythmus. An den Wendepunkten wird auch Blickkontakt miteinander aufgenommen.
* Ein Innehalten im Mittelpunkt für die eine, ein Innehalten im Außen für die andere und dann eine Wendung.
* Auf dem Weg zurück begegnen wir einander, und nun wird jene vom Außen in den Mittelpunkt geführt und jene, die bereits im Zentrum war, gelangt ins Außen.
* Innehalten.
* Eine weitere Wendung und zurück bis in den vierten Gang, von wo aus wir beide gleichzeitig, einander anblickend, wieder in Feld 1 steigen.

Beide haben wir diese Art als wohltuend und stimmig erlebt und folgende Erfahrung gemacht: Verbunden sind wir immer auf der Ebene des Bodens und des Labyrinths. Körperlich und energetisch sind wir manchmal einander näher, manchmal ferner (auch manchmal im Gefühl, völlig auf sich alleine bezogen zu sein). Mit diesem Rhythmus spiegelten wir den Lebensrhythmus wider. In diesem Einklang war Friede.

Eine Anleitungen zum Zeichnen und für den Bau eines Labyrinths

Es gibt viele Arten, wie die Ur-Labyrinth-Struktur gelegt werden kann. Folgende Methode habe ich für Schulprojekte entwickelt, weil sie mit vorhandenem Material aus dem Turnsaal schnell, gemeinsam und verbunden mit Denkanstößen vor sich geht. Je nach den vorhandenen Materialien und den verfolgten Absichten, kann diese Methode leicht und beliebig abgewandelt werden.

Wir verwenden: 12 rote Bänder, 4 Tennisbälle und viele (ca. 45) Springschnüre.

Den Anfang machen zwei rote Bänder. Die zwei Bänder, die ich vor mich halte, sehen gleich aus. Für mich bedeutet das Labyrinth die Verbindung von Gegensätzen.

Also lege ich nun ein Band waagrecht und ein Band senkrecht auf den Boden – sie berühren einander nur in einem Punkt und bilden etwas Neues: einen rechten Winkel. Damit haben wir ein Dreieck gelegt, dessen eine Seite offen ist. Das Dreieck mit dem Spitz nach oben symbolisiert das Männliche. Das Dreieck mit dem Spitz nach unten symbolisiert das Weibliche.

Weil es mir um die Verbindung von Gegenpolen geht – der Gegenpol ist in diesem Fall eine Spiegelung des ersten Dreiecks – legen wir zwei weitere rote Bänder so, dass sich die Eckpunkte beider offenen Dreiecke berühren. Es sind nun vier Felder entstanden, eine Verdoppelung.

Wir verdoppeln nun wieder, indem wir in jedes Feld mit zwei Bändern ein offenes Dreieck legen.

Nun nehmen wir die vier Tennisbälle und legen einen in jedes Feld, mit einer großen Schrittlänge Abstand. Damit haben wir die vier Eckpunkte eines Quadrats. (Abb. 1)

Nun wird das Ende des ersten offenen Dreiecks mit einer Schnur mit dem Ende des rechten innenliegenden offenen Dreiecks verbunden (Abb. 2).

Dann das obere Ende des rechten offenen Dreiecks mit dem Ball im linken Feld verbinden (Abb. 3).

Nun wird der Ball im rechten Feld mit den Ende des Bandes im linken Feld verbunden (Abb. 4).

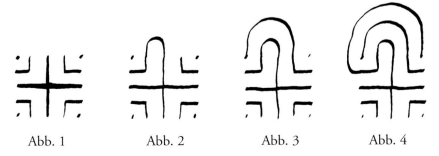

Abb. 1 Abb. 2 Abb. 3 Abb. 4

Abb. 5   Abb. 6   Abb. 7

Wenn wir jetzt hinsehen, ist eine Asymmetrie zu merken. Weiter geht es nach dieser Methode: die Bandenden bzw. die Bälle der rechten Felder werden der Reihe nach mit den Bändern und Bällen der linken Seite durch Schnüre verbunden, bis das Labyrinth fertig ist (Abb. 5 und 6).

Wir sehen vor uns eine geschlossene Figur mit nur einem Eingang (Abb. 7).

Sogar mit Klopapier läßt sich ein Labyrinth auslegen …

Begehbare Labyrinthe in Österreich *(Stadt, Ort, Typ, Jahr der Errichtung; zusammengestellt von Ilse M. Seifried)*

Bad Mitterndorf, beim Steinbruch
Urtyp, 1999

Bad Tatzmannsdorf, Kurpark
Urtyp, 1999

Graz, Schwarzl-Freizeitzentrum
Urtyp, 2000

Heiligenkreuz, Haus der Stille
Chartres, 1997

Innsbruck, Rapoldi-Park
Urtyp, 2002

Innsbruck, Sieberschule
Urtyp-Variante, 1999

Krumbach, Kuranstalt Roßheim
Urtyp, 2001

Loipersdorf, Kurpark
Urtyp, 2001

Obdach, neben der Schule
Urtyp, 1997

Oberleis, Jugendzentrum
Chartres-Variation, 1999

Pöllau, Naturpark
Urtyp-Variante, 1997

Pöllau, Schloßpark
Urtyp, 1995

Waldhausen, ehemaliges Stift
Urtyp-Variante, 2002

Salzburg, Doppler-Klinik
Urtyp 5-gängig, 1994

Schweiggers, Naturpfad Thayaquelle
Urtyp, 2002

St. Georgen a. Längsee, Haus der Frauen
Urtyp, 2002

St. Johann / Herberstein
Urtyp, 2002

Südstadt bei Wien, Pfarre Südstadt
Chartres, 2000

Wien, Seminar für religiöse Berufe
Urtyp-Variante, 1998

Wien, Zentralfriedhof
Urtyp, 1999

Die Liste ist aktualisiert im Netz abrufbar unter www.das-labyrinth.at

Begehbare Labyrinthe in Deutschland *(Stadt, Ort, Typ, Jahr der Errichtung; erstellt von Silke Wolf und Werner Kaufmann*

Ahrensberg, Louisenlund
Urtyp, 1999

Schloß Altenburg, Haus der Stille
Urtyp, 1998

Bensheim Auerbach, Pfarrkirche
Heilig Kreuz, 10 Umgänge, 2000

Augsburg, beim Augsburger Kräutergarten, Urtyp, 2001

Augsburg, Franziskanisches Zentrum
Chartres, 1991

Berlin, Mirbachplatz
Urtyp, 2000

Berlin, Freizeit-Haus Weißensee,
Pistoriusstr. 23, Urtyp, 2001

Berlin, 13., Zille-Schule
Urtyp, 2001

Berlin, im Park der Sinne hinter der
Park-Klinik Weißensee
Form eines Ohres, 1998

Berlin, Jugendspielplatz gegenüber
Zossener Str. 61
Urtyp, 1995

Bücken, Frauenbildungshaus
Urtyp, 1994

Darmstadt, Wilhelm-Hauff-Schule
Urtyp, 2001

Darmstadt, Straßenbahnhaltestelle,
Mittelschneise im Wald
Urtyp, 2000

Deutzen, Kulturpark Deutzen
Urtyp, 1999

Dinkelscherben, Kohlstattstr. 2
11 Umgänge, 1997

Disibodenberg, Klosterruine
Urtyp (Ariadnefaden), 1996

Dörnberg, oberhalb des Jugendhofes
Zierenberg, Urtyp, 1982

Dresden, Kath. Pfarrei Heilige Familie
Urtyp, 2001

Dresden, Großer Garten,
Urtyp, 2000

Erlangen, Bohlenplatz, vor dem Evangelischen Bildungszentrum
3 Umgänge, Neugestaltung 2001

Framersheim, auf dem Hornberg
Urtyp, 2000

Freiburg, Kirche St. Konrad
ähnlich dem Kirchenlabyrinth in
Ravenna, 1995

Wiesbaden/Dotzheim, Schloß Freudenberg
Urtyp, 2000

Graitschen, am Ortsausgang Richtung
Grabesdorf
Urtyp mit 11 Umgängen, 1648 (?)

Grünberg-Weickartsain, am Wildfrauberg, 4 Umgänge 1993

Hannover, im Eilenrieder Forst
„Batisches" Rad, 17. Jahrhundert

Heersum, Sprengelheim
Chartres, 1985

Hilzingen, Schloß Weiterdingen
Urtyp Variante, 1998

Himmelkron, vor der Autobahnkirche
an der Kreuzung A9 und B303
Chartres, 1998

Hofheim-Langenhain, im Kirchgarten hinter der Kirche, Urtyp, 1996

Hohenberg, St. Jakobuskirche, Variante des Labyrinths in Amiens, 1993

Ingersheim, an der evang. Kirche, Kirchgasse 4
Urtyp mit nur 3 Umgängen, 1998

Ingolstadt, Klenzepark an der Donauländer, 8 Umgänge, 1992

Köln, St. Severin
Typ Amiens, 1972

Künzell, Gärtnerei Loheland
4 Umgänge, 1999

Liebenau, Familie Schierle, Lange Straße, römisches Sektorenlabyrinth mit Mittelpunkt, 1998

Lörrach, Freizeitpark Grütt
Urtyp, 2001

Lörrach, Zentrum für Spielen u. Gestalten, Urtyp, 2000

Maulburg, Urtyp, 2001

München, im Prunkhof des Neuen Rathauses

Typ Amiens/Chartres, um 1900
Münsterschwarzach, Pausenhof des Egbert-Gymnasiums
ähnlich Chartres: 10-gängig, 1988

Mühlbach, Oberdorfstr. 40
Urtyp, 1999

Ostfildern-Nellingen, im Klosterhof (alter Pfarrgarten), Urtyp, 1992

Nürnberg, Wöhrder Wiese
Urtyp, 1996

Nürnberg, Marienbergpark
Urtyp, 1997

Uelzen/Oldenstadt, neben der Musikschule, Urtyp, 2000

Plech, am Gottvaterberg
Urtyp, 1999

Scheidegg, im Altarraum der evang. Auferstehungskirche am Hammerbach, nach Chartres, 7 Umgänge, 1999

Sprockhövel, Katholische Kirchengemeinde St. Januarius
Typ Amiens, 1999

Steigra, an der Bundesstraße nach Querfurt, Urtyp, 17. Jh.

Suhlendorf, Erich-Kästner-Schule
Urtyp, 2000

Tennenlohe, Walderlebniszentrum
Urtyp, 1997

Uelzen, Herzog-Ernst-Gymnasium
Urtyp, 2000

Verne, Zum Brünneken
Urtyp, 1990

Weil am Rhein, beim alten Kieswerk
Urtyp, 2000

Wetzlar, Merianstraße 32
Typ Chartres mit 7 Umgängen, 1996

Wickede, Beringhofgemeinschaft
Chartres, 1999

Würzburg, im Garten des Hauses St. Benedikt, Urtyp, 1990

Zazenhausen, auf dem Kirchplatz
Chartres, 1992

Diese Liste wurde von zusammengestellt. Unter www.begehbare-labyrinthe.de isz sie aktualisiert abrufbar.

Begehbare Labyrinthe in der Schweiz *(Stadt, Ort, Typ, Jahr; Auswahl nach der Liste von Susanne Kramer-Friedrich)*

Baar (ZG), bei der Reform. Kirche
Variante, 1995

Basel (BS), Leonhardskirchplatz
Variante, 2002

Bern (BE), Kath. Universitätsgemeinde im AKI-Garten
Urtyp, 1997

Berneck (SG), Privater Garten
Urtyp, 1996

Binningen-Bottmingen (BS), zwischen Kirche und Kirchgemeindezentrum
Typ Otfried, 1996

Bischofszell (TG), im Herzen der Altstadt bei der Kirchwiese, Urtyp, 2000

Bubikon (ZH), Plazu vor der Westseite der Refrom. Kirche, Chartres, 1995

Cham (ZG), Lehrerinnenseminar Heiligkreuz, Innenhof des Klosters (nur für Gäste des Klosters)
Chartres, 1995

Dentenberg (BE), Dentenbergstr. 49
Urtyp, 1996

Flims, Caumasee (GR), Weg zum Labyrinth ausgeschildert, Urtyp, 1996

Flüeli-Ranft (OW), Haus St. Dorothea
Urtyp, 1992

Guggisberg (BE), beim „Keltenhaus"
Urtyp, 1995

Hausen am Albis (ZH), Labyrinth im alten Friedhof, baltisches Rad, 1999

Hitzkirch (LU), südl. Vorplatz der Pfarrkirche, Chartres, 1993

Hölstein (BL), Tagungszentrum Evang. Heimstätte Leuenberg
Urtyp, 1995

Immensee (SZ), Bethlehem Mission
Chartres, 1996

Ittingen (TG), Karthause, Evang. ref. Tagungszentrum Tecum,
Typ Otfried, 1999

Langnau a. A. (ZH), Vorplatz der Kath. Kirche, Chartres, 1998

Lenzburg (AG), Nordseite Stadtkirche Urtyp, 1997

Männedorf (ZH), Evang. Tagungszentrum Boldern, Baltisches Rad, 1995

Morschach (LU), Antoniushaus Mattli Chartres, 1991

Münchenbuchsee (BE), Garten Privatklinik Wyss, Variante, 1996

Orbe (VD), röm. Gutshof bei Boscéaz, quadrat., usprünglich mit Minotaurus, ca. 200 n. Chr., entdeckt 1845,

Rüti (ZH), Haltbergstr. 36 Urtyp, fünfeckig, 1992

St. Antoni (FR), Bildungszentrum Burgbühl, wird seit 1994 im Park jedes Jahr neu angelegt

St. Gallen (SG), Schulhaus Halden, Oberhaldenstr. 14, Urtyp-Variante, 1990

St. Gallen (SG), vor der kath. Marienkirche, Rorschacherstr. 255, Urtyp, 1998

Schattdorf (UR), Umgelände, privates Rasen- und Moos-Labyrinth Urtyp, 1997

Schweibenalp ob. Brienz (BE), Zentrum der Einheit, Urtyp, 1998

Sils im Domleschg (GR), Burg Ehrenfels, Urtyp, 1997

Speicher (AR), Kath. Pfarreizentrum Bendlehn, Chartres, 1989

Tagungs-Zentrum Rügel, Variante, 1996

Trogen (AR), ehem. Bad, Urtyp, 1997

Uster (ZH), Park der Villa am Aabach Urtyp, 1996

Verborga-Pischasee (GR), Mönchalptal, 2550m ü.M., Urtyp, 1993

Wald (ZH), Rütistraße, Urtyp, 1996

Windisch (AG), Psychiatrische Klinik Königsfelden, Brugg, Urtyp, 1994

Wurmsbach (SG), Kloster Wurmsbach Chartres, 1992

Zürich (ZH), Schindlergut im Park des Gemeinschafts-Zentrums, Kroneng. 12, Pflanzen-Labyrinth, Zeichnung nach der Reitfigur des Trojaritt und Geranotanz, 1996, neu gestaltet 2000

Zürich (ZH), Seeburgpark, Mühlebachstr., Variante, 1994

Zürich (ZH), Zeughaushof im Kasernenareal, Urtyp, 1991 Pflanzenlabyrinth, 1996 Pflanzen- und Steinlabyinth ineinander integriert

Die vollständige und aktualisierte Liste ist im Netz abrufbar unter www.labyrinth-project.ch

Internetadressen *(eine Auswahl)*

Deutschland

www.frauen-gedenk-labyrinth.de
www.mymaze.de
www.das-labyrinth.de/start.html
www.beatrice-grimm.de/
www.das-labyrinth.de
http://matriarchat.net/kreta/gebrauch_labyrinth_im_patriarchat.htm

Österreich

www.das-labyrinth.at
www.volsa.at/Download/Files/Labyrinthe2.PDF
www.labyrinthe.at/candolini/
www.labyrinth.info

Schweiz

www.labyrinth-project.ch/index.html
http://www.paul-giger.ch/gdiscogr.htm
www.8ung.at/heilabsuudaa
 (Mal-Atelier Labyrinth, Heidi Gisler-Brun, Gotthardstraße 76, CH 6472 Erstfeld)

Niederlande

http://home.hccnet.nl/a.j.nennie/index-uk.html

Spanien

http://planeta.clix.pt/laborintus/

Großbritannien

www.labyrinthos.net/

USA

www.labyrinthsociety.org/
www.gracecathedral.org/labyrinth/
www.labyrinthproject.com/
www.earthsymbols.com/
www.geomancy.org/labyrint/labyrint.html

Die Autorinnen und Autoren

David Auerbach

Geboren 1950, Studium der Psychologie in Südafrika, Promovierung in Physik in Deutschland. Leitung der Forschergruppe „Wirbeldynamik" am Max-Planck-Institut für Strömungsforschung in Göttingen, dort auch Dozent am Institut für angewandte Mechanik und Strömungsphysik. Gastprofessuren in den USA, den Niederlanden und in Graz. Als leidenschaftlicher Strömungsphysiker Beschäftigung mit der Mechanik der Elemente Luft, Feuer, Wasser und Erde, vor allem in ihrem Wirken innerhalb von Lebensprozessen. Organisationstätigkeit für Tagungen, Vorträge und Mitarbeit an Ausstellungen und Programmen der BBC, ZDF, ORF und NBC. Autor zahlreicher Publikationen. Ein Buch zu den „Paradoxen der Mechanik" wird demnächst im Springerverlag (New York) erscheinen.
E-Mail-Kontakt: david.auerbach@kfunigraz.ac.at

Agnes Barmettler

1945 in Stans (Schweiz) geboren, 1969 Abschluß des Zeichenlehramtes in Basel. Seit 1970 ist sie freischaffende Künstlerin mit den Schwerpunkten Zeichnung, Malerei, Film sowie Raum- und Platzgestaltungen (Labyrinthe). Zahlreichen Einzel- und Gruppenausstellungen im In- und Ausland. Arbeitsaufenthalte in Wien, Paris, Deutschland, Italien und in den USA; ab 1979 regelmäßige Aufenthalte bei den Hopi, über die sie 1989 einen Dokumentarfilm dreht. Ihre Labyrinth-Arbeiten wurden im Rahmen von Kunstausstellungen in Olten, Solothurn, Wien, Monthey u. a. realisiert. Die 1987 entwickelte Konzeption von Labyrinth-Project-International mit Rosemarie Schmid führte ab 1990 zur Realisierung des Pionierplatzes in Zürich. 1997 entstand mit Anka Schmid der Videofilm Labyrinthprojektionen. Mitbegründerin von Frauen-Gedenk-Labyrinth, das im Jahr 2000 in Frankfurt präsentiert wurde.

Henning Eichberg

Promotion 1970 in Geschichte in Bochum, Habilitation 1976 in historischer Verhaltensforschung in Stuttgart. Lebt seit 1982 in Dänemark. Kultursoziologe und Historiker. Tätig am Forschungsinstitut für Sport, Kultur und Zivilgesellschaft in Gerlev/Seeland. Professor an den Universitäten Odense und Kopenhagen. Mitbegründer des *Institut International d'Anthropologie Corporelle* (Rennes). Gastprofessor an Universitäten in Deutschland, Österreich, Finnland, Frankreich und Japan. Befaßte sich in zahlreichen Büchern mit der Soziologie und Geschichte von Körper, Bewegung und Sport, mit Technologiegeschichte sowie mit Fragen ethnischer Minderheiten, nationaler Identität und der Dritten Welt (u. a. „Der Weg des Sports in die industrielle Zivilisation", „Leistung, Spannung, Geschwindigkeit", „Festung, Zentralmacht und Sozialgeometrie", „Body Cultures").
homepage: www.ifo-forsk.dk

Robert Ferré

ist seit 1995 Direktor des St. Louis Labyrinth Project (USA) und Gründungsmitglied der Labyrinth Society. Als hauptberuflicher Labyrinthe-Macher hat er mehr als 550 Labyrinthe aller Typen produziert. Er ist Mitherausgeber der englischen Ausgabe des Labyrinth-Standardwerkes von Hermann Kern „Through the Labyrinth" (Prestel Verlag, 2000), verfasste Vorworte zu verschiedenen anderen Labyrinth-Büchern, einige Anleitungen sowie Bücher, die im Eigenverlag erschienen sind (siehe www.labyrinthproject.com). Ferré ist Direktor von „One Heart Tours" mit dem Schwerpunkt, Gruppen auf Pilgerreisen zu heiligen Stätten in Frankreich und besonders zu Labyrinthenbegehungen zu führen.
E-Mail-Kontakt: robert@labyrinthproject.com.
Für Amerika eine wichtige Kontaktadresse ist auch die von Marty Cain: marty@nhvt.net

Markus Hochgerner

Gesundheitspsychologe, Psychotherapeut. Lehrbeauftragter für Konzentrative Bewegungstherapie und Integrative Gestalttherapie. Tätig an einer psychosomatischen Krankenhausabteilung und in freier Praxis. Veröffentlichungen zum Themenkreis: Psychosomatik/Frühe Störungen/Kreative Medien in der Psychotherapie. Herausgeber der Buchreihe „Psychotherapeutische Theorie und Praxis" im Facultas-Verlag/Wien.

Susanne Kramer-Friedrich

Die 1935 in Zürich geborene Publizistin faszinierten Labyrinthe und Irrgärten schon als Kind. Seit 1990 in Zürich der erste begehbare Labyrinthplatz entstand, gehörte sie zur Gruppe des Labyrinth Project International um Agnes Barmettler und Rosmarie Schmid, von denen die Labyrinthbewegung im deutschsprachigen Raum ausging. Als Studienleiterin des Evangelischen Tagungszentrums Boldern, Männedorf, führte sie u. a. Kurse und Tagungen zum Thema Labyrinth durch und konnte dort 1995 ein grosses Rasenlabyrinth nach dem Vorbild des Baltischen Rades in der Eilenriede bei Hannover anlegen, wo seither regelmässig Sommer- und Wintersonnwende „begangen" werden. Zahlreiche Artikel über die Wiedergeburt des Labyrinths im ausgehenden 20. Jahrhundert und Erstellung einer Labyrinthkarte der Schweiz.
E-Mail-Kontakt: kramer.s.w@access.ch

Jeff Saward

lebt in England und beschäftigt sich seit 1976 mit dem Labyrinth. 1980 gründete er „Caerdroia" (The Journal of Mazes & Labyrinths) zur Kommunikation mit Gleichgesinnten. Es ist heute ein international anerkanntes Forum für Aktuelles, Meinungen, neue Forschungsergebnisse und Archivmaterial. Die mehr als zwanzigjährige Suche nach Labyrinthen führte Jeff Seward durch ganz Europa – von der Mittelmeerküste bis in arktische Gebiete – und viele Male durch die USA. Seine Fotosammlung ist einzigartig. Zahlreiche Artikel für Zeitungen und Zeitschriften und Mitarbeit bei Features in den diversen Medien in Großbrtitannien, Europa, den USA und Kanada. Für die englische Ausgabe des Monumentalwerks von Hermann Kern übernahm er die Aktualisierung des historischen Teils.
E-Mail-Kontakt: jeff@labyrinthos.net

Ilse M. Seifried

Geboren 1956 in Wien, Sonderschullehrerin mit Weiterbildung in Musiktherapie und Konzentrativer Bewegungstherapie, seit 1998 auch freie Kulturschaffende. Neben literarischen Texten (u. a. Preisträgerin des Siemens-Literaturpreises für den Essay „Durch den Schleier der Zeit" in: *txtour*, Haymon 2000) sind Schwerpunkte ihrer Arbeit: Gender Mainstreaming, geschlechtssensible Pädagogik, Kinder- und Jugendbücher sowie das Labyrinth. Sie kuratierte 1999 die Ausstellung „Die Kunst zu wandeln – Das Labyrinth – Mythos und Wirklichkeit" in der Shedhalle St. Pölten und ist Autorin des Ausstellungskatalogs. Labyrinth-Workshops und Seminaren für Kinder und Erwachsene. Die Österreichische Labyrinth-Homepage www.das-labyrinth.at und die erste Labyrinth-Fachtagung für den deutschsprachigen Raum in Dornbirn (2001) wurden von ihr initiiert und organisiert.
E-Mail-Kontakt: seifried@das-labyrinth.at

Voré

Geboren 1941, Studium an der Akademie der Bildenden Künste in Karlsruhe. Interdisziplinäre Experimente seit den frühen 60er Jahren, 1972 Lehrauftrag an der Fachhochschule für Gestaltung in Pforzheim und 1973 Berufung als Professor am Fachbereich Design der FH Münster. Bisher 60 Einzelausstellungen und mehr als 400 Ausstellungsbeteiligungen im In- und Ausland, zahlreiche deutsche und internationale Auszeichnungen. Seit 1980 beschäftigt er sich mit der Untersuchung tradierter Symbole, ab 1985 skulpturale und multimediale Projekte zum Thema „Labyrinth".
E-Mail-Kontakt: vore_e@t-online.de

Bildnachweis

Ina Achenbach 43 (o. und u.)
Agnes Barmettler 43 (m.), 160
Baugeschichtliches Archiv der Stadt Zürich 150
Jim Buchanan 189
Marty Cain 123, 124, 125
Scott Campbell 39
Thomas Cugini 110
Madeleine Dietz 107
Marianne Ewaldt 47 (l.)
Peter Ewaldt 175
Robert Fally 183
Robert Ferré 133, 134, 135,
Fitzwilliam Museum, Cambridge 32
Michael Forcher 24
Frauenmuseum Wiesbaden 52
Gundula Friedmann 130
Bernhard Garbert 109
Franz Genser 44 (u.), 46, 59, 179
Augustin Gisler 141, 143 (o.),
Heidi Gisler-Brun 48, 142
Maurice K. Grünig 149
Christine Gutgsell 166
Robert Häuser 101

Heisterkomp, Fotoatelier 4
Institut für Spieleforschung, Salzburg 180
Martha Theresa Kerschhofer 119
Philipp Kilner 82
Susanne Kramer-Friedrich 143 (u.)
Kunsthistorisches Museum, Wien 55
Bruno Kurz 121
Labyrinth Projekt International 152
Christa Moises 57
Lisa Moriarty 6
Museum Ny Carlsberg Glyptotek, Kopenhagen (Foto Ole Haupt) 51
Museum Würth, Künzelsau 45
Naturhistorisches Museum, Wien 11
Österreichische Nationalbibliothek, Wien 22
Johannes Pfeiffer 114
Thomas Reinagl 44, 58, 93
Erwin Reissmann 42
Irmtraud Saarbourg 115
Jeff Saward 8, 11, 13, 15, 18, 19, 20, 25, 26 (l.), 27, 28, 29, 30, 34, 35, 37, 38, 41, 62, 68, 69, 78, 84, 94, 97, 126, 127, 129, 131, 132, 137, 171, 173, 191, 193

Gebhard Schatz 105
Gerda Schlembach 113
Michael Schaad 116, 117
Claudia Schneider 2, 40, 144, 145, 146
Anita Schorr 43 (l.)
Manfred Schoon 103
Ilse M. Seifried 26 (r.), 202
Harald Smykla 118
Stift Admont 23
Bosse Stjernström 36
Peter F. Strauss 111
Zangerl, Foto 47 (r.)

Abbildungen, die hier nicht aufscheinen, stammen aus dem Katalog der Labyrinthausstellung in St. Pölten (vor allem die Zeichnungen der Grafikerin Sibylle Gieselmann) oder aus den Archiven des Verlags, der Herausgeberin und einzelner AutorInnen.

Impressum

Umschlaggestaltung: Benno Peter (Labyrinthkugel von Marianne Ewaldt, fotografiert von Franz Genser)

ISBN 3-85218-400-2

© Haymon-Verlag, Innsbruck 2002
Alle Rechte vorbehalten
Satzgestaltung und Layout. Haymon-Verlag
Scans (soweit nicht von den Fotografen die Daten gestellt wurden):
Athesia-Laserpoint und digital-foto-service, beide Innsbruck
Gesamtherstellung: Athesia-Tyrolia Druck, Innsbruck

www.haymonverlag.at